改訂版　教科書にそって学べる

国語教科書プリントの特色と使い方　光村図書版

新教材を追加して全面改訂！ 教科書にそって使えます。

・教科書と同じ配列なので，授業の進度に合わせて使えます。
・目次の 教科書 マークがついている単元は教科書の本文が掲載されていませんので，教科書をよく読んで学習しましょう。

豊かな読解力や確かな言葉の力がつきます。

・文学作品や説明文の問題がたくさん掲載されているので，豊かな読解力がつきます。
・ことばや文法の練習問題をさまざまな形式で出題しているので，確かなことばの力がつきます。
・漢字は，読み・書きの両方が学習出来るので，とても使いやすく力もつきます。

予習・復習やテスト対策にもばっちりです。

・教科書に合わせて，基礎・基本的な問題から，活用力を必要とする問題まで掲載されているので，ご家庭や学校での予習・復習に最適です。また，テストに出やすい問題がたくさん掲載されています。

わかりやすい設問・楽しいイラストで学習意欲も向上します。

・設問は，できる限り難しい言葉を使わないようにしています。また，ところどころに楽しいイラストを入れました。
・A4 サイズのプリントになっているので，文字も読みやすく，解答欄も広々していて書きやすいです。
（A4 → B4 に拡大して使用していただくと，もっと広々使えます。）
・一日一ページ，集中して楽しく学習できるよう工夫されています。

6年　目次

※ **教科書** …このマークのある単元は教科書を読んでやりましょう。

創造

一まいの紙から、
船が生まれる。飛行機が生まれる。
ひとかたまりのねん土から、
象が生まれる。つぼが生まれる。
生まれる、生まれる。
わたしたちの手から次々と。

（令和六年度版　光村図書　国語　六　創造　羽曽部　忠）

名前

1 「創造」とは、どんな意味ですか。正しい方に○をつけましょう。（20）

（　）見たことや経験したことがないものを、頭の中に思いえがくこと。

（　）新しいものをつくり出すこと。この世に生み出すこと。

2 船や飛行機は、何から生まれますか。文中から抜き出しましょう。（20）

（　　　　）

3 象やつぼは、何から生まれますか。文中から抜き出しましょう。（20）

（　　　　）

4 この詩には、「生まれる」という言葉が何回出てきますか。漢数字で書きましょう。（20）

□回

5 この詩の中で、あなたの心に強くひびいた言葉は何ですか。自由に書きましょう。（20）

（　　　　）

準備

名前

準備

高階《たかしな》　杞一《きいち》

㋐待っているのではない
あ［準備をしているのだ
飛び立っていくための］
㋑見ているのではない
い［測ろうとしているのだ
風の向きや速さを］

初めての位置
初めての高さを
こどもたちよ
㋒おそれてはいけない
この世のどんなものもみな
「初めて」から出発するのだから

落ちることにより
初めてほんとうの高さがわかる
うかぶことにより
初めて
雲の悲しみがわかる

（令和六年度版　光村図書　国語　六　創造　高階　杞一）

1　あ・いの部分は、通常の文と語順が逆になっています。それぞれ通常の文の語順に書き直しましょう。（15×2）

あ（　　　　）
い（　　　　）

2　㋐待っているのではない、㋑見ているのではないとありますが、それぞれ何をしているのですか。（15×2）

㋐（　　　　）
㋑（　　　　）

3　㋒おそれてはいけないとありますが、なぜおそれてはいけないのですか。正しい方に○をつけましょう。（15）

（　）どんなこともすべて、「初めて」から始まるから。
（　）「初めて」の風の向きや速さは、測って知っているから。

4　この詩には、「初めて」という言葉が何回出てきますか。漢数字で書きましょう。（10）

［　　］回

5　この詩の中で、あなたの心に強くひびいた言葉は何ですか。自由に書きましょう。（15）

（　　　　）

帰り道 ①

名前

Ⓐ 律の視点

　今日の昼休み、友達五人でしゃべっているうちに、「どっちが好き。」って話になった。「海と山は。」「夏と冬は。」「ラーメンとカレーは。」「歯ブラシのかたいのとやわらかいのは。」――みんなで順に質問を出し合い、「海。」「海。」「海。」「山。」「海。」と、ぽんぽん答えていく。㋐そのテンポに、ぼくだけついていけなかった。「どっちかなあ。」とか、「どっちもかな。」とか、一人でごにょごにょ言っていたら、周也が急にいらついた目でぼくをにらんだんだ。

「どっちも好きってのは、どっちも好きじゃないのと、いっしょじゃないの。」

　㋑先のとがったするどいものが、みぞおちの辺りにずきっとささった。そんな気がした。そのまま今もささり続けて、歩いても、歩いても、ふり落とせない。

　返事をしないぼくに白けたのか、周也の口数もしだいに減って、大通りの歩道橋をわたるころには、二人してすっかりだまりこんでいた。階段を上る周也と、ぼくとの間に、きょりが開く。広がる。ここ一年でぐんと高くなった頭の位置。たくましくなった足取り。ぼくより半年早く生まれた周也は、これからもずっと、どんなこともテンポよく乗りこえて、ぐんぐん前へ進んでいくんだろう。

Ⓑ 周也の視点

　何もなかったみたいにふるまえば、何もなかったことになる。(あ)そんなあまい考えを捨てたのは、校門を出てから数分後、最初の角を曲がった辺りだった。どんなに必死で話題をふっても、律はうんともすんとも言わない。背中に感じる気配は冷たくなるばかり。やっぱり、律はおこってるんだ。そりゃそうだ。

　昼休み、(い)みんなで話をしていたとき、はっきりしない律にじりじりして、つい、(う)言わなくてもいいことを言った。軽くつっこんだつもりが、律の顔を見て、重くひびいてしまったのが分かった。まずい、と思うも、もうおそい。以降、絶対にぼくの顔を見ようとしない律のことが気になって、野球の練習を休んでまでげんかん口で待ちぶせをしたのに、いざ並んで歩きだすと、気まずいちんもくにたえられず、またぺらぺらとよけいなことばかりしゃべっている自分がいた。

「この前、給食でプリンが出てから、もうずいぶんたつよな。」

「むし歯が自然に治ればなあ。」

「山田んちの姉ちゃん、一輪車が得意なの、知ってたか。」

　何を言っても、背中ごしに聞こえてくるのは、(え)さえない足音だけ。ぼくがしゃべればしゃべるほど、その音は遠のいていくような気がする。

（令和六年度版　光村図書　国語　六　創造　森　絵都）

1 Ⓐを読んで、答えましょう。

㋐そのテンポとありますが、どんなテンポですか。（15）

（　　　　　　　　）

2 Ⓑを読んで、答えましょう。

(1) (あ)そんなあまい考えとは、どんな考えですか。（15）

（　　　　　　　　）

(2) (え)さえない足音とありますが、だれの足音ですか。（15）

（　　　　　　　　）の足音

3 ⒶとⒷを読んで、答えましょう。

(1) Ⓑで(い)みんなとありますが、みんなとはどんな人のことですか。Ⓐから抜き出しましょう。（15）

（　　　　　　　　）

(2) Ⓑで(う)言わなくてもいいことありますが、具体的にどんなことですか。Ⓐから抜き出しましょう。（20）

（　　　　　　　　）

(3) Ⓐで㋑先のとがったするどいものが、みぞおちの辺りにずきっとささったとありますが、そのとき周也は律の様子を見てどんなことが分かったのですか。Ⓑを読んで、答えましょう。（20）

（　　　　　　　　）

帰り道②

Ⓐ 律の視点

　市立公園内の遊歩道に差しかかったころには、ぼくは周也に三歩以上もおくれをとっていた。もうだめだ。追いつけない。あきらめの境地で、ぼくは天をあおいだ。信じがたいものを見たのは、そのときだった。

　空一面からシャワーの水が降ってきた。

　もちろん、そんなわけはない。なのに、なぜだかとっさにプールの後に浴びるシャワーがうかんだのは、公園の新緑がふりまく初夏のにおいのせいかもしれない。

㋐「うおっ。」

㋑「何これ。」

　頭に、顔に、体中に打ちつける水滴《てき》を雨と認めるのには、少し時間がかかった。晴れているのに雨なんて、不自然すぎる。ぼくと周也はむやみにじたばたし、意味もなくとんだりはねたりして、またたくまに天気雨が通り過ぎていくと、たがいのぬれた頭を指さし合って笑った。

　本当に、あっというまのことだったんだ。ざざっと水が降ってきて、何かを洗い流した。周也の気取った前がみがぺたっとなったのが愉《ゆ》快で、㋒ぼくはさんざん腹をかかえ、気がつくと、みぞおちの異物が消えてきた。

Ⓑ 周也の視点

　そっと後ろをふり返ると、やっぱり、今日も律はおっとりと一歩一歩をきざんでいる。まぶしげに目を細め、木もれ日をふりあおぐしぐさにも、よゆうが見て取れる。ぼくにはない落ち着きっぷりに見入っていると、とつぜん、律の両目が大きく見開かれた。

　なんだ、と思う間もなく、ぼくのほおに最初の一滴が当たった。天気雨——頭では分かっていながらも、ピンポン球のことばかり考えていたせいか、空からじゃんじゃん降ってくるそれが、ぼくの目には一瞬《しゅん》、無数の白い球みたいにうつったんだ。

　ぼくがむだに放ってきた球の逆襲《しゅう》。「うおっ。」と思わずとび上がったら、後ろからも「何これ。」と律の声がして、(あ)ぼくたちは全身に雨を浴びながら、しばらくの間、ばたばたと暴れまくった。はね上がる水しぶき。びしょぬれのくつ。たがいのあわてっぷり。何もかもがむしょうにおかしくて、雨が通り過ぎるなり、笑いがあふれ出した。律もいっしょに笑ってくれたのがうれしくて、ぼくはことさらに大声を張り上げた。

（令和六年度版　光村図書　国語　六　創造　森　絵都）

名前

1 ⒶとⒷを読んで、答えましょう。

(1) 律と周也は、それぞれ雨を何だと思いましたか。(15×2)

・律（　　　　）が降ってきた。

・周也（　　　　）みたい。

(2) Ⓐで㋐「うおっ。」㋑「何これ。」とありますが、それぞれだれが言った言葉ですか。Ⓑを読んで、答えましょう。(15×2)

㋐「うおっ。」（　　　　）

㋑「何これ。」（　　　　）

(3) Ⓑで(あ)ぼくたちは全身に雨を浴びながら、しばらくの間、ばたばたと暴れまくったとありますが、これと同じことを表している部分をⒶから抜き出しましょう。(10)

（　　　　）

(4) Ⓐで㋒ぼくはさんざん腹をかかえ、気がつくと、みぞおちの異物が消えてきたとありますが、そのとき周也はどんな思いで何をしましたか。Ⓑを読んで、答えましょう。(10)

（　　　　）

2 Ⓐを読んで、答えましょう。

律が雨をシャワーの水のように思ったのは、なぜですか。(10)

（　　　　）

3 Ⓑを読んで、答えましょう。

周也が雨を無数の白い球のように思ったのは、なぜですか。(10)

（　　　　）

帰り道③

名前

Ⓐ 律の視点

単純すぎる自分がはずかしくなったのは、㋐笑いの大波が引いてからだ。うっかりはしゃいだばつの悪さをかくすように、ぼくはすっと目をふせた。アスファルトの水たまりに、西日の反射がきらきら光る。そのまぶしさに背中をおされるように、今だ、と思った。今、言わなきゃ、きっと㋑二度と言えない。

「ぼく、晴れが好きだけど、たまには、雨も好きだ。」

勇気をふりしぼったわりには、しどろもどろのたよりない声が出た。

「ほんとに両方、好きなんだ。」

周也は しばし まばたきを止めて、まじまじとぼくの顔を見つめ、それから、こっくりうなずいた。㋒周也にしてはめずらしく言葉がない。なのに、分かってもらえた気がした。

「行こっか。」

「うん。」

ぬれた地面にさっきよりも軽快な足音をきざんで、ぼくたちはまた歩きだした。

Ⓑ 周也の視点

はっとしたのは、爆《ばく》発的な笑いが去った後、律が急にひとみを険しくしてつぶやいたときだ。

ⓧ
「ぼく、晴れが好きだけど、たまには、雨も好きだ。ほんとに両方、好きなんだ。」

たしかに、そうだ。晴れがいいけど、こんな雨なら大かんげい。どっちも好きってこともある。心で賛成しながらも、ぼくはとっさに(あ)それを言葉にできなかった。こんなときに限って口が動かず、できたのは、だまってうなずくだけ。なのに、なぜだか律は(い)雨あがりみたいなえがおにもどって、ぼくにうなずき返したんだ。

「行こっか。」

「うん。」

しめった土のにおいがただようトンネルを、律と並んで再び歩きだしながら、ひょっとして――と、ぼくは思った。投げそこなった。でも、ぼくは初めて、律の言葉をちゃんと受け止められたのかもしれない。

（令和六年度版　光村図書　国語　六　創造　森　絵都）

1 Ⓐを読んで、答えましょう。

㋑二度と言えないとありますが、これは律のどんな言葉ですか。文中から二か所、抜き出しましょう。（10×2）

2 Ⓑを読んで、答えましょう。

(あ)それとは、何を指していますか。（15）

3 ⒶとⒷを読んで、答えましょう。

(1) Ⓐで㋐笑いの大波が引いてからとありますが、これと同じことを表している部分をⒷから抜き出しましょう。（15）

(2) Ⓑでⓧにあたるところは、Ⓐのどこにありますか。Ⓐの文に二か所、線を引きましょう。（10×2）

(3) Ⓐで㋒周也にしてはめずらしく言葉がないとありますが、周也が何も言わなかったのはなぜですか。Ⓑを読んで、答えましょう。（15）

(4) Ⓑで(い)雨あがりみたいなえがおとありますが、なぜ律は笑顔になったのだと思いますか。Ⓐを読んで、答えましょう。（15）

漢字の形と音・意味 ①

名前

1 ①～④の□には、それぞれ同じ読み方の漢字が入ります。あてはまる漢字を[　]から選んで書きましょう。また、③、④は、□の漢字の読みを（　）に書きましょう。（□3×12）（（　）2×2）

①
・市民の要□《きゅう》を認める。
・野□《きゅう》選手になりたい。
・おぼれた人を□《きゅう》助する。

[球　求　救]

②
・外国の通□《か》を使う。
・今年も桜が開□《か》した。
・地球温暖□《か》が進む。

[化　花　貨]

③
・学校の規□を守る。
・箱の□面。
・天体観□をする。

読み（　　）

[則　測　側]

④
・□春時代を思い出す。
・カゼをひいたので、安□にする。
・部屋を□潔に保つ。

読み（　　）

[静　青　清]

2 ①～⑤の□には、それぞれ同じ部分を持ち、同じ読み方の漢字が入ります。あてはまる漢字を書きましょう。また、それらの漢字が持つ同じ部分を、（　）に書きましょう。（□3×15）（（　）3×5）

①
・先生にしかられて、□省する。
・十二時に昼ご□を食べる。
・□画を作る。

漢字の持つ同じ部分（　　）

②
・自分の意見を主□する。
・赤ちゃんが成□する。
・通□に記入する。

漢字の持つ同じ部分（　　）

③
・エジソンの伝□を読む。
・旅の□行文を書く。
・人類の□源を調べる。

漢字の持つ同じ部分（　　）

④
・金閣□は有名な建物だ。
・□続可能な社会を目指す。
・□間は有限だ。

漢字の持つ同じ部分（　　）

⑤
・田中さんは、□任感が強い。
・国語の成□が上がる。
・図形の面□を求める。

漢字の持つ同じ部分（　　）

漢字の形と音・意味 ②

1 次の文の□に入る漢字を[ ]から選んで書きましょう。また、その漢字に共通する部首、部首名を（ ）に書きましょう。（2×24）

①
・会□に出席し、□録係を担当する。
・国□の教科書を音□する。

語　記
議　読

部首（　　）
部首名（　　）

②
・市□所まで□歩で行く。
・□意な科目の□習をする。

復　役
得　徒

部首（　　）
部首名（　　）

③
・暑い時□になったので、すずしい□装に変える。
・□は明るいので、□がよく見えない。

服　月
期　朝

部首（　　）
部首名（　　）

④
・□末、車を□転して海へ行く。
・野球□手が、□続してホームランを打つ。

連　選
週　運

部首（　　）
部首名（　　）

名前

2 次の部首は、どんなことに関係のある漢字に使われますか。合うものを――線で結びましょう。（4×4）

① 彳（ぎょうにんべん）・　　・水に関係のある漢字
② 月（にくづき）・　　・「行くこと」や「道」に関係のある漢字
③ 氵（さんずい）・　　・言葉や表現に関係のある漢字
④ 言（ごんべん）・　　・体に関係のある漢字

3 [ ]から①〜③の部首をもつ漢字をそれぞれ選んで、〔　〕に書きましょう。また、選んだ漢字を使った熟語を（　）に書きましょう。（3×12）

① にんべん　〔　〕（　）　〔　〕（　）
② ちから　〔　〕（　）　〔　〕（　）
③ うかんむり　〔　〕（　）　〔　〕（　）

作　家　動
効　住　室

季節の言葉Ⅰ　春のいぶき

名前

1　①〜③の言葉の読みを（　）に書きましょう。また、その意味を説明する文章について、㋐〜㋘の（　）にあてはまる言葉を下の[　]から選んで書きましょう。（①〜③3×3　㋐〜㋘4×9）

①（　）
立春（二月四日ごろ）

こよみのうえで、㋐（　）が始まる日。まだ㋑（　）はきびしいが、だんだん日がのび、木々が㋒（　）ぶいてくる。

②（　）
春分（三月二十一日ごろ）

昼と夜の㋓（　）がほぼ等しくなる。これより後は、㋔（　）の時間が長くなっていく。春の㋕（　）の中日《ちゅうにち》である。

③（　）
穀雨（四月二十日ごろ）

いろいろな㋖（　）をうるおし、芽を出させる㋗（　）という意味。これを過ぎると、いよいよ㋘（　）が近づいてくる。

春　夏　ひがん　昼　長さ　寒さ　穀物　芽　春の雨

2　次は、季節を区切る二十四節気《にじゅうしせっき》とその説明です。あてはまるものを――線で結びましょう。（5×3）

① 雨水《うすい》（二月十九日ごろ）・
② 啓蟄《けいちつ》（三月六日ごろ）・
③ 清明《せいめい》（四月五日ごろ）・

・気候がしだいに温暖《だん》になり、すがすがしく、明るい空気に満ちあふれるころ。
・降る雪が雨に変わり、深く積もった雪も解け始める。このころから、早春の気配が感じられるようになる。
・地中で冬眠《みん》していた虫がはい出てくるころという意味。春も、もうまもなく本番になるころである。

3　次の短歌、俳句《はい》について、答えましょう。

㋐ 木立《だち》より(あ)雪解《げ》のしづ《（ず）》く落つるおと聞きつつわれは歩みをとどむ
斎藤《さいとう》　茂吉《もきち》

㋑ 掘《ほ》り返す塊《つちくれ》光る穀雨かな
西山《にしやま》　泊雲《はくうん》

(1) ㋐の短歌を五・七・五・七・七、㋑の俳句を五・七・五のリズムで読めるように、「／」線で区切りましょう。（8）

(2) ㋐の短歌について、(あ)雪解のしづく落つるおととは、どんな音ですか。（　）にあてはまる言葉を[　]から選んで書きましょう。（8×3）

（　）が解けて、（　）から（　）が落ちる音。

しずく　雨　木の枝　雪

(3) ㋑の俳句について、春の季語を抜き出しましょう。（8）

（　）

（令和六年度版　光村図書　国語　六　創造「季節の言葉Ⅰ　春のいぶき」による）

笑うから楽しい

①　私たちの体の動きと心の動きは、密接に関係しています。例えば、私たちは、悲しいときに泣く、楽しいときに笑うというように、心の動きが体の動きに表れます。しかし、㋐それと同時に、㋑体を動かすことで、心を動かすこともできるのです。泣くと悲しくなったり、笑うと楽しくなったりするということです。

②　私たちの脳は、体の動きを読み取って、それに合わせた心の動きを呼び起こします。㋒ある実験で、参加者に口を横に開いて、歯が見えるようにしてもらいました。このときの顔の動きは、笑っているときの表情と、とてもよく似ています。実験の参加者は、自分たちがえがおになっていることに気づいていませんでしたが、自然と愉《ゆ》快な気持ちになっていました。このとき、脳は表情から「今、自分は笑っている」と判断し、笑っているときの心の動き、つまり、楽しい気持ちを引き起こしていたのです。

③　表情によって呼吸が変化し、脳内の血液温度が変わることも、㋓私たちの心の動きを決める大切な要素の一つです。人は、脳を流れる血液の温度が低ければ、ここちよく感じることが分かっています。笑ったときの表情は、笑っていないときと比べて、鼻の入り口が広くなるので、多くの空気を取りこむことができます。えがおになって、たくさんの空気を吸いこむと、脳を流れる血液が冷やされて、楽しい気持ちが生じるのです。

④　私たちの体と心は、それぞれ別々のものではなく、㋔深く関わり合っています。楽しいという心の動きが、えがおという体の動きに表れるのと同様に、体の動きも心の動きに働きかけるのです。何かいやなことがあったときは、このことを思い出して、鏡の前でにっこり笑顔を作ってみるのもよいかもしれません。

（令和六年度版　光村図書　国語　六　創造　中村　真）

名前

1　上の文章は、「初め・中・終わり」の組み立てになっています。それぞれにあてはまる段落番号を（　）に書きましょう。(5×4)

初め（　　）　中（　　）（　　）　終わり（　　）

2　㋐それとは、何を指しますか。(10)

（　　）

3　㋑体を動かすことで、心を動かすこともできるとありますが、その事例を二つ書きましょう。(10×2)

（　　）
（　　）

4　㋒ある実験について、答えましょう。

(1)　参加者にどんな体の動きをしてもらいましたか。(10)

（　　）

(2)　参加者は、(1)の動きをすることで、どんな気持ちになっていましたか。(10)

（　　）

5　㋓私たちの心の動きを決める大切な要素の一つとは、何ですか。(10)

（　　）

6　㋔深く関わり合っていますとありますが、体の動きと心の動きはどのように関わり合っていますか。正しいもの二つに○をつけましょう。(10×2)

（　）楽しいという体の動きが、えがおという心の動きに表れる。
（　）楽しいという心の動きが、えがおという体の動きに表れる。
（　）えがおという体の動きが、楽しいという心の動きに働きかける。
（　）えがおという心の動きが、楽しいという体の動きに働きかける。

時計の時間と心の時間 ①

みなさんが「時間」と聞いて思いうかべるのは、きっと時計が表す時間のことでしょう。私はこれを、「㋐時計の時間」とよんでいます。「時計の時間」は、もともとは、地球の動きをもとに定められたもので、いつ、どこで、だれが計っても同じように進みます。しかし、「㋑心の時間」はちがいます。「心の時間」とは、私たちが体感している時間のことです。みなさんは、あっというまに時間が過ぎるように感じたり、なかなか時間がたたないと思ったりしたことはありませんか。私たちが感じている時間は、いつでも、どこでも、だれにとっても、同じものとはいえません。「心の時間」には、さまざまな事がらのえいきょうを受けて進み方が変わったり、人によって感覚がちがったりする特性があるのです。

分かりやすい例が、「その人が、そのときに行っていることを、どう感じているかによって、進み方が変わる」というものです。みなさんも、楽しいことをしているときは時間がたつのが速く、たいくつなときはおそく感じたという㋒経験があるでしょう。㋓このようなことが起こるのは、時間を気にすることに、時間を長く感じさせる効果があるためだと考えられています。例えば、あなたがゲームに夢中になっているときには、集中しているので、時間を気にする回数が減ります。すると、㋔時間はあっというまに過ぎるように感じます。逆に、きらいなことやつまらなく感じることには、集中しにくくなるので、時間を気にする回数が増えます。その結果、㋕時間がなかなか進まないように感じるのです。

（令和六年度版　光村図書　国語　六　創造　一川　誠）

名前

1 「㋐時計の時間」、「㋑心の時間」について答えましょう。

(1) それぞれどんな時間のことですか。（10×2）

時計の時間…（　　　　）時間

心の時間…（　　　　）時間

(2) 次の文章のうち、「時計の時間」の説明をしているものにはあ、「心の時間」の説明をしているものにはいと書きましょう。（10×4）

（　）人によって時間の感覚がちがう。

（　）いつ、どこで、だれが計っても同じ。

（　）地球の動きをもとに定められた。

（　）さまざまな事がらのえいきょうを受けて進み方が変わる。

2 ㋒経験とありますが、どんな経験ですか。（10）

（　　　　）

3 ㋓このようなことは、なぜ起こるのですか。（10）

（　　　　）

4 ゲームに夢中になっているときに、㋔時間はあっというまに過ぎるように感じるのは、なぜですか。（10）

（　　　　）

5 きらいなことやつまらなく感じることをしているときには、㋕時間がなかなか進まないように感じるのは、なぜですか。（10）

（　　　　）

時計の時間と心の時間 ②

　身の回りの環《かん》境によっても、「心の時間」の進み方は変わります。㋐これは、身の回りから受ける刺《し》激の多さと関係があります。㋑実験②は、円で表した刺激の数と、時間の感じ方との関わりを調べたものです。複数の参加者に、さまざまな数の円を、同じ時間、映した画面を見てもらいます。そして、円の増減によって、円が表示されていた時間をどのくらいに感じたかを㋒調べました。すると、表示時間が同じでも、円の数が増えるほど、長く映っていたように感じる傾《けい》向があったのです。㋓このような結果から、例えば、物が少ない部屋よりもたくさんある部屋のほうが、身の回りから受ける刺激が多いので、時間の進み方がおそく感じるのではないかと考えられます。

　さらに、「心の時間」には、人によって感覚が異なるという特性があります。ここで、簡単な実験をしてみましょう。机を指でトントンと軽くたたいてみてください。しばらくの間、くり返したたくうちに、自分にとってここちよいテンポが分かってくるでしょう。㋔このテンポは人によって異なるもので、歩く速さや会話での間の取り方といった、さまざまな活動のペースと関わりがあることが分かっています。そして、このペースと異なるペースで作業を行うと、ストレスを感じるという研究もあります。みんなで同じことをしていても、私たちは、それぞれにちがう感覚で時間と向き合っているのです。

実験②

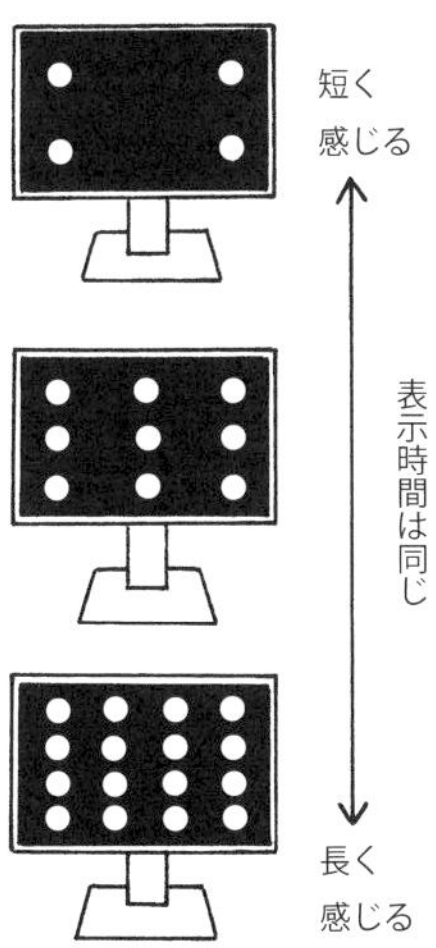

（令和六年度版　光村図書　国語　六　創造　一川　誠）

名前

1 ㋐これについて、答えましょう。（10×2）

(1) 何を指していますか。

（　　　　）

(2) 何と関係がありますか。

（　　　　）

2 ㋑実験②では、参加者に何を見てもらいましたか。（10）

（　　　　）

3 ㋒調べましたについて、答えましょう。（10×2）

(1) 何を調べましたか。

（　　　　）

(2) 調べた結果、どんな傾向がありましたか。

（　　　　）

4 ㋓このような結果から、どのようなことが考えられますか。正しいもの二つに○をつけましょう。（15×2）

（　）円の数が増えるほど、時間が長く感じる。

（　）身の回りから受ける刺激が多いほうが、時間の進み方が速く感じる。

（　）身の回りから受ける刺激が多いほうが、時間の進み方がおそく感じる。

5 ㋔このテンポについて、答えましょう。（10×2）

(1) どんなテンポのことですか。

（　　　　）

(2) 何と関わりがあることが分かっていますか。

（　　　　）と関わりがある。

文の組み立て①

名前

1 次の文は、㋐二組の主語と述語の関係が対等に並んでいるもの、㋑一組の主語と述語がもう一組の主語を修飾しているもののどちらですか。（　）に記号を書きましょう。（10×3）

①（　　）わたしが飼っている犬は、かしこい。

②（　　）春がきて、桜がさく。

③（　　）父がつった魚は、とても大きい。

2 次の文には、主語と述語の関係が二組あります。〈例〉のように、主語に―線、述語に＝線を引きましょう。（5×6）

〈例〉ぼくが　植えた　木が　育った。

① 雨が　上がり、にじが　かかる。

② 母が　作った　ケーキは　おいしい。

③ はさみが　なかった　うえに、のりも　なかった。

④ 友だちが　くれた　プレゼントは　かさだ。

⑤ 大きな　カラスが　飛び回り、弟は　こわがった。

⑥ 人気の　歌手が　作った　曲が　オリンピックで　流れた。

3 次の文には、中心となる主語と述語があります。〈例〉のように、それぞれ（　）に書きましょう。（5×8）

〈例〉わたしが　図書室で　借りた　本は　詩集だ。

中心となる主語（本は）

中心となる述語（詩集だ）

① わたしの　好きな　おかしは　チョコレートだ。

中心となる主語（　　）

中心となる述語（　　）

② 妹が　通う　習字教室は　有名だ。

中心となる主語（　　）

中心となる述語（　　）

③ 兄が　乗っている　タクシーは　駅へ　向かった。

中心となる主語（　　）

中心となる述語（　　）

④ 父が　買ってきた　クマの　ぬいぐるみは　妹の　お気に入りだ。

中心となる主語（　　）

中心となる述語（　　）

文の組み立て②

1 次の文について、〈例〉のように、――線の主語に対する述語を（　）に書きましょう。また、その主語を修飾する言葉に～～線を引きましょう。（10×3）

〈例〉森田さんが　計画した　イベントが　成功した。
述語（成功した）

① わたしが　留学した　国は　アメリカだ。
述語（　　　）

② 弟が　育てている　トマトが　実った。
述語（　　　）

③ 姉が　拾った　貝がらは　きれいだ。
述語（　　　）

2 次の文について、〈例〉のように、――線の述語に対する主語を（　）に書きましょう。また、その主語を修飾する言葉に～～線を引きましょう。（10×2）

〈例〉父が　買ってきた　ぬいぐるみは　かわいい。
主語（ぬいぐるみは）

① サッカー選手が　はいている　シューズが　売れる。
主語（　　　）

② わたしが　育てている　金魚が　成長する。
主語（　　　）

3 次の文を〈例〉のように、二つの文に分けて書き直しましょう。（5×10）

〈例〉六年二組の　生徒が　とった　ビデオレターを　見た　先生が　感動する。
↓
（六年二組の生徒がビデオレターをとった。）
（そのビデオレターを見た先生が感動する。）

① 母が　作った　ハンバーグは　おいしい。
↓
（　　　）
（　　　）

② 立花さんが　かいた　絵が　コンクールで　入賞した。
↓
（　　　）
（　　　）

③ 林さんが　通っている　ダンス教室が　駅前に　移転した。
↓
（　　　）
（　　　）

④ 父が　道ばたで　拾った　ねこが　ミルクを　飲んでいる。
↓
（　　　）
（　　　）

⑤ 田中さんが　所属している　野球チームが　大会で　優勝した。
↓
（　　　）
（　　　）

名前

たのしみは

〈原文〉

あ　たのしみは㋐妻子《めこ》むつまじくうちつどひ
㋑頭《かしら》ならべて物をくふ時

〈訳文〉

私が楽しみとするのは、妻や子どももたちと仲よく集まり、並んでいっしょに何かを食べるときだ。

〈原文〉

い　たのしみは朝おきいでて昨日まで
無かりし花の咲《さ》ける見る時

〈訳文〉

私が楽しみとするのは、朝起きて、㋒庭に昨日までは咲いていなかった花が美しく咲いているのを見るときだ。

〈橘《たちばな》　曙覧《あけみ》の歌〉

（令和六年度版　光村図書　国語　六　創造「たのしみは」による）

名前

1　あ・いの短歌を読んで、次の問いに答えましょう。

(1)　あ・いは、江戸《えど》時代の歌人・橘曙覧がよんだ短歌です。どんな時によんだ短歌ですか。（　）にあてはまる言葉を書きましょう。（10）

日常の暮らしの中に（　　　　）を見つけた時

(2)　あ・いの短歌は、何で始まり何で結んでいますか。□にあてはまる言葉を書きましょう。（5×2）

□で始まり、□で結んだ短歌

(3)　〈訳文〉から、次の言葉にあたる部分を抜き出しましょう。（10×2）

㋐　妻子むつまじくうちつどひ
（　　　　）

㋑　頭ならべて物をくふ
（　　　　）

(4)　〈原文〉から、次の言葉にあたる部分を抜き出しましょう。（10）

㋒　庭に昨日までは咲いていなかった花
（　　　　）

2　短歌の決まりについて、（　）にあてはまる言葉を□から選んで書きましょう。（5×7）

・短歌は、五・七・（　　）・七・（　　）の（　　）音で表す。

・小さな「（　　）」や、のばす音、「ん」も、（　　）音と数える。

・表現を工夫するときは、言いかえたり、（　　）の表現を使ったりする。また、言葉の（　　）や、書き表す文字を変えてもよい。

たとえ	っ	順序	一	五	七	三十一

3　「たのしみは」で始まり、「時」で終わる短歌を自由に作りましょう。（15）

（　　　　）

天地《てんち》の文《ふみ》

名前

天地の文

福沢《ふくざわ》　諭吉《ゆきち》

天地日月《てんちじつげつ》。東西南北。きたを背に南に向かひ（い）て右と左に指させば、ひだりは東、みぎはにし。日輪《にちりん》、朝は東より次第《しだい》にのぼり、暮れはまたにしに没《ぼっ》して、夜くらし。一昼一夜《いっちゅういちや》変わりなく、界《さかい》を分けし午前午後、前後合わせて二十四時、時をあつめて日を計《かぞ》へ（え）、日数《ひかず》つもりて三十の数に満つれば一か月、大と小とにかかはら（わ）ず、あらまし分けし四週日、一週日の名目《みょうもく》は日月火水木金土、一七日《ひとなのか》に一新し、一年五十二週日、第一月《げつ》の一日は年たち回る時なれど、春の初めは尚遅《なおおそ》く初めて来《きた》る第三月、春夏《しゅんか》秋冬《しゅうとう》三月《みつき》づ（ず）つ合わせて三百六十日、一年一年又《また》一年、百年三万六千日、人生わづ（ず）か五十年、稚《おさな》き時に怠《おこた》らば老いて悔《く》ゆるも甲斐《かい》なかるべし。

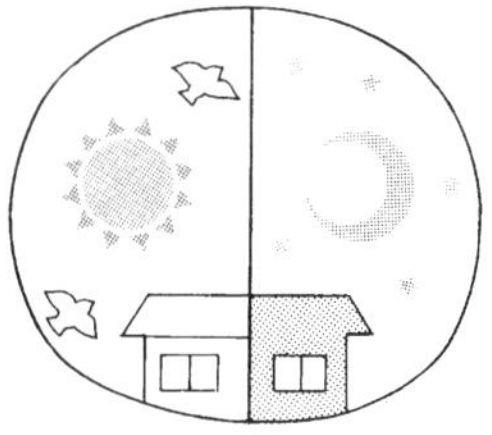

（令和六年度版　光村図書　国語　六　創造　福沢　諭吉）

1 次の読みがなを書きましょう。（10×2）

① 天地の文　（　　　）

② 福沢諭吉　（　　　）

2 「天と地、太陽と月」のことを何といっていますか。文中から四文字で抜き出しましょう。（10）

3 東と西の方角は、どのようにすれば分かりますか。（10）

4 「日輪」とは、何を指していますか。漢字二文字で書きましょう。（10）

5 「一日」とは、どういうものであるといっているか、説明しましょう。（10）

6 上の文章には、次の八つのことについて書かれています。書かれている順に（　）に番号を入れましょう。（5×8）

（　）本当の春のおとずれについて

（　）一か月とはどういうものかの説明

（　）人生の長さについて

（　）東西南北とはどういうものかの説明

（　）一週間の呼び方についての説明

（　）一日の時間についての説明

（　）子どもの時の心がけについて

（　）一年は何日であるかについての説明

情報と情報をつなげて伝えるとき

名前

1　次の情報と情報をつなげる関係、その具体例、それを表す図を――線で結びましょう。（9×6）

	関係	具体例	図
(1)	〈Aとその説明（定義）の関係〉・	・このように、A（果物）は栄養が豊富だ。・	・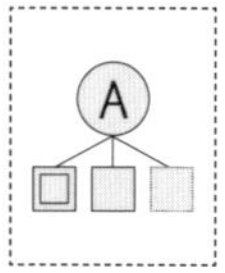
(2)	〈Aとその具体例の関係〉・	・A（果物）には、イチゴやリンゴやバナナがある。・	・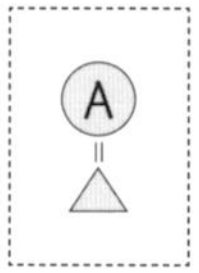
(3)	〈複数のものと、その共通点（A）という関係〉・	・A（果物）とは、果実のことだ。・	・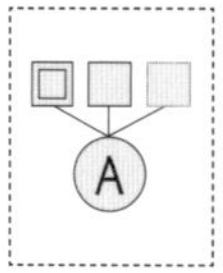

2　次の「地産地消」についての報告書を読んで、答えましょう。

①　日本各地で、農産物や水産物の「地産地消」の取り組みが、積極的に行われている。［　ア　］

②　地産地消には、さまざまなねらいがある。［あ］消費者が、しんせんな食料を、顔の見える生産者から安心して買えるようにすること。また、生産者が、形のふぞろいな野菜なども、そのよさを伝えて売ることができるようにすること。［い］、車や飛行機などで食料を運ぶ際に出る、二酸化炭素の量を減らすことだ。

③　日本だけでなく、イギリスでも、なるべく近い地域で作られた食料を消費しようという「フードマイルズ運動」がある。一九九〇年代に始まったこの運動では、食料の重さと、その食料を運ぶきょりをかけ合わせた指標である「フードマイルズ」が唱えられた。フードマイルズを意識し、食料を運ぶ際に環《かん》境にかかる負担《たん》を減らすことが、この運動のねらいだ。

④　このように、［　イ　］

(1)　あ、いにあてはまるつなぎ言葉を［　］から選んで書きましょう。（8×2）

あ（　　　）
い（　　　）

［そして　しかし　例えば］

(2)　一段落目のアの部分に入るように、「地産地消」の説明を書きましょう。その際、教科書や辞書、インターネット検索等を参考にしましょう。（15）

（　　　　　　）

(3)　イに入るまとめの文章を、二段落目と三段落目に書かれている情報の共通点を考えて、一、二文程度で書きましょう。（15）

（　　　　　　）

（令和六年度版　光村図書　国語　六　創造「情報と情報をつなげて伝えるとき」による）

星空を届けたい ①

あるとき、「星の語り部」のメンバーの一人が、「目が見えない人にも、プラネタリウムを体験してもらいたいね。」と言いました。[あ]、別のメンバーが、「私の友達に、目が見えない人がいるんです。今度、さそってみます。」と言って、市瀬さんという男性を連れてきてくれました。生まれたときから目が見えない市瀬《いちせ》さんは、「今まで、ぼくに星の話をしてくれた人はいなかった。」と言って、星について初めて知ることを喜んでいました。

　目が見えない人たちは、自分の身の回りにあるものをさわることで、㋐そこに何があるかを知っていきます。耳が聞こえれば、耳からの情報もとても重要です。[い]、星や空は、どんなにがんばっても手でふれることはできず、音を出すものでもありません。[う]、空に星があるということを、目が見えない人が知るのは、㋑とても難しいのです。だからこそ、なんとか工夫をして、目が見えない人たちにも星空や宇宙のことを感じてもらいたい、と思うようになりました。でも、どうすればよいのでしょう。

　生まれたときから目が見えない人の多くは、㋒「点字」を使います。点字とは、ぽつっとふくらんでいる点を六個組み合わせて表した、視覚障害者用の文字です。ドレッシングの容器や洗濯《たく》機など、私たちの家にも、点字が表示されたものがあります。

（令和六年度版　光村図書　国語　六　創造　髙橋　真理子）

名前（　　　　）

1 あ～うにあてはまるつなぎ言葉を[　]から選んで書きましょう。（4×3）

あ（　　　　）　い（　　　　）　う（　　　　）

[しかし　だから　すると]

2 市瀬さんについて、正しいものに二つ○をつけましょう。（10×2）

（　）生まれたときから目が見えない。

（　）星について詳しい。

（　）星について初めて知ることを喜んでいる。

3 ㋐そこについて、答えましょう。（10×2）

(1) そことは、何を指していますか。

（　　　　）

(2) 目が見えない人たちは、そこに何があるかをどのようにして知っていきますか。

（　　　　）

4 ㋑とても難しいについて、答えましょう。

(1) 何がとても難しいのですか。⑩

（　　　　）

(2) なぜ、とても難しいのですか。⑩

（　　　　）

5 ㋒「点字」について、答えましょう。

(1) どのような人が使いますか。⑩

（　　　　）

(2) どのような文字ですか。⑩

（　　　　）

(3) どんなものに表示されていますか。文中の例を二つ書きましょう。（4×2）

（　　　　）（　　　　）

星空を届けたい②

点図の星空

（甲府の星空・8月の午後8時）

町の明かりがついているとき

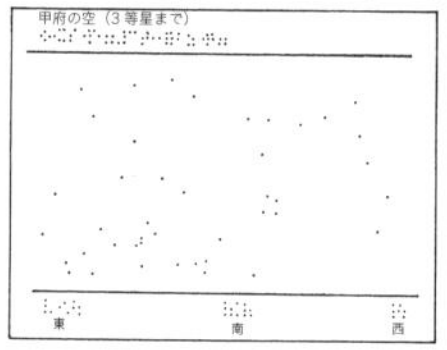

町の明かりを消したとき

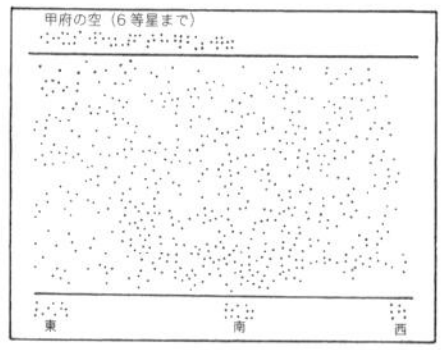

あるとき、市瀬さんが、「点字のことを『六《ろく》星《せい》』とも言うんだよ。」と教えてくれました。そのとき、㋐点字の点は、そのまま星を表現できるのでは、と気づいたのです。

その後、「点図」という、点字用の点を使って地図や絵を作っている人と出会い、点図で夜の星空をかいてみることになりました。例えば、「八月の午後八時に甲府《こうふ》から見える星空」を点図で作る場合、同じ場所、同じ時刻で、「町の明かりがついているときに見える夜空のパターン」と、「町の明かりを消したときに見える星空のパターン」の二種類を作ります。[あ]、プラネタリウムの町の明かりが消えて、満天の星が見えた瞬《しゅん》間にわき起こる㋑「わあ。」という感動を、目が見えない人も共有できます。そんなふうに試行錯《さく》誤を重ねている間に、「星の語り部」には、目が見えない仲間も増えていきました。

目が見えない仲間たちと活動する中で、私は、多くのことを学びました。よく考えると、宇宙に散らばる星のほとんどは、あまりにも遠くにあるため、目が見える人も肉眼で見ることはできません。[い]、㋒宇宙は「見えない世界」なのです。そう思うと、目が見えていても、見えていなくても、㋓同じように宇宙のことを感じたり、語り合ったりすることができるんだ、ということに気がついたのです。

また、目が見える人も、しばらく暗やみにいると、㋔ふだんより周りの音がよく聞こえてきたり、他の感覚が敏《びん》感になったりするでしょう。星や宇宙をながめ、感じるということは、視覚以外の聴《ちょう》覚や嗅《きゅう》覚、触《しょっ》覚などがするどくなることなんだな、ということも分かりました。

（令和六年度版　光村図書　国語　六　創造　高橋　真理子）

名前（　　　　）

1 [あ]、[い]にあてはまるつなぎ言葉を［　］から選んで書きましょう。（10×2）

[あ]（　　　　）

[い]（　　　　）

［つまり　そうすれば　例えば］

2 ㋐点字の点は、そのまま星を表現できると気づいたのは、いつですか。（15）

（　　　　）

3 ㋑「わあ。」という感動とは、どんなときにわき起こりますか。（15）

（　　　　）

4 筆者が㋒宇宙は「見えない世界」と言っているのはなぜですか。（15）

（　　　　）

5 ㋓同じように宇宙のことを感じたり、語り合ったりすることができるのは、どんな人とどんな人ですか。（10×2）

（　　　　）（　　　　）

6 どんなときに、㋔ふだんより周りの音がよく聞こえてきたり、他の感覚が敏感になったりするのですか。（15）

（　　　　）

ユニバーサルデザイン×天文教育

名前

ユニバーサルデザインとは、「障害の有無《う》や年齢《れい》、性別、国のちがいなどにかかわらず、なるべくたくさんの人たちが利用したり、楽しんだりできるようなサービスやもの、環境をデザインする。」という考え方のことです。

星や宇宙のことを伝える㋐活動をしている人たちの中にも、目が見えない人や耳が聞こえない人、車いすに乗った人とも、㋑いっしょに星や宇宙を楽しむ方法を作ろうという動きがあります。

㋒例えば、指でさわれば星座が分かるようにした、とつ点のある星座早見盤《ばん》や、点字や音声がセットになった宇宙の本などがあります。また、最近は３Ｄ《スリーディー》プリンターの発達で、さわれる大型望遠鏡の模型を作ることも可能になりました。耳が聞こえない人たちの言葉である手話は、天文関係の言葉を表せるものが少なく、㋓それらを作ろうという動き、さらには、㋔天文関係の言葉を集めて、世界共通で使える新しい手話を作ろうという動きもあります。

（令和六年度版　光村図書　国語　六　創造　高橋　真理子）

1 ㋐活動をしているとありますが、何を伝える活動をしているのですか。（10）

（　　　　）を伝える活動

2 ㋑いっしょにとありますが、どんな人たちといっしょなのですか。三つ書きましょう。（5×3）

（　　　　）人

（　　　　）人

（　　　　）人

3 ㋒例えばとありますが、どんなものが作られていますか。文中から三つ抜き出しましょう。（10×3）

（　　　　）

（　　　　）

（　　　　）

4 とつ点のある星座早見盤や、点字や音声がセットになった宇宙の本は、どんな人に向けたものですか。正しいものに○をつけましょう。（15）

（　）目が見えない人

（　）耳が聞こえない人

（　）車いすに乗った人

5 手話とは、だれの言葉だと書かれていますか。（10）

（　　　　）

6 ㋓それらとは、何を指していますか。（10）

（　　　　）

7 ㋔天文関係の言葉を集めて、何を作ろうという動きがありますか。（10）

（　　　　）

せんねん　まんねん

名前

せんねん　まんねん　まど・みちお

①いつかのっぽのヤシの木になるために
そのヤシのみが地べたに落ちる
その地ひびきでミミズがとびだす
㋐そのミミズをヘビが　㋑のむ
そのヘビをワニがのむ
そのワニを川がのむ
その川の岸ののっぽのヤシの木の中を
昇《のぼ》っていくのは
今まで土の中でうたっていた清水《しみず》
その清水は昇って昇って昇りつめて
㋒ヤシのみの中で眠《ねむ》る

②その眠りが夢でいっぱいになると
いつかのっぽのヤシの木になるために
そのヤシのみが地べたに落ちる
その地ひびきでミミズがとびだす
そのミミズをヘビがのむ
そのヘビをワニがのむ
そのワニを川がのむ
その川の岸に
まだ人がやって来なかったころの
㋓はるなつあきふゆ　はるなつあきふゆ
ながいみじかい　せんねんまんねん

（令和六年度版　光村図書　国語　六　創造　まど・みちお）

1　①（第一連）と②（第二連）の両方でくり返されている部分の、始めと終わりの一行を抜き出しましょう。（10×2）

始め（　　）

終わり（　　）

2　ヤシのみが地べたに落ちるのは、何のためですか。（10）

（　　）

3　㋐そのミミズとは、どんなミミズですか。（10）

（　　）

4　何が、何を㋑のむのですか。次の（　）にあてはまる言葉を書きましょう。（10×3）

(1)　ヘビが（　　）をのむ。

(2)　ワニが（　　）をのむ。

(3)　川が（　　）をのむ。

5　㋒ヤシのみの中で眠るのは、何ですか。（10）

（　　）

6　㋓の部分では、「はるなつあきふゆ」がくり返されています。これはどういうことを表していると考えられますか。あなたの考えを書きましょう。（10）

（　　）

7　この詩の説明として、あてはまるほうに○をつけましょう。（10）

（　）地球上には、いろいろな生き物がいて、どれもほかの生き物とは関係をもたずに自立して生きている。

（　）地球上では、それぞれの命がつながっていて、それがとても長い間くり返されてきた。

名づけられた葉

名前

名づけられた葉

新川《しんかわ》　和江《かずえ》

ポプラの木には　ポプラの葉
何千何万芽をふいて
㋐緑の小さな手をひろげ
いっしんにひらひらさせても
ひとつひとつのてのひらに
載《の》せられる名はみな同じ　〈ポプラの葉〉

わたしも
いちまいの葉にすぎないけれど
あつい血の樹液をもつ
にんげんの歴史の幹から分かれた小枝に
不安げにしがみついた
おさない葉っぱにすぎないけれど
わたしは呼ばれる
わたしだけの名で　朝に夕に

だからわたし　㋑考えなければならない
誰《だれ》のまねでもない
葉脈の走らせ方を　刻みのいれ方を
せいいっぱい緑をかがやかせて
うつくしく散る法を
名づけられた葉なのだから　考えなければ
ならない
どんなに風がつよくとも

（令和六年度版　光村図書　国語　六　創造　新川　和江）

1 この詩は、何連からできていますか。漢数字で書きましょう。(10)

（　　）連

2 対比させているのは、何連と何連ですか。漢数字で書きましょう。(10×2)

（　　）連と（　　）連

3 ㋐緑の小さな手とは、何を指していますか。文中から一文字で抜き出しましょう。(10)

ポプラの□

4 ㋑考えなければならないについて、答えましょう。

(1) わたしは、何を考えなければならないのですか。三つ書きましょう。(10×3)

（　　）
（　　）
（　　）

(2) なぜ㋑考えなければならないのですか。正しい方に○をつけましょう。(10)

（　）「わたし」も、にんげんの歴史の幹から分かれたたくさんの小さなポプラの葉のように、みなと同じ名前をもっているから。

（　）「わたし」も、にんげんの歴史の幹から分かれた小さな葉だけれど、自分だけの名前をもっているから。

5 この詩の内容について、正しいもの二つに○をつけましょう。(10×2)

（　）ポプラの木の葉の名前は、すべて「ポプラの葉」である。

（　）「わたし」は、自分だけの名前で呼ばれない。

（　）名づけられた葉として、葉脈の走らせ方や刻みのいれ方、うつくしく散る法を考えなければならない。

インターネットでニュースを読もう

名前

1 ニュースサイトのトップページに表示されているものとして、㋐、㋑の二種類があります。（　）にあてはまるものを□から選んで書きましょう。（10×3）

㋐ いつも表示されているもの

（　　　）
（　　　）
・分野名のボタン・
など

㋑ ひんぱんに更新《こう》されて、表示が入れかわるもの

（　　　）
・ニュースのランキング
など

検索《さく》窓　トップニュース　サイト名

2 次の文章の（　）にあてはまる言葉を、□から選んで書きましょう。（5×6）

【インターネットを使って、適切に情報を得る】

・いつ、（　　　）によって発信された情報かに注意して、（　　　）を正しく読み取ったり、信頼《らい》できる情報かどうかを（　　　）したりする。

・（　　　）するニュースを探しやすい、情報がひんぱんに（　　　）されるなどの、ニュースサイトの（　　　）をいかして、知りたい情報を得る。

判断　だれ　更新　関連　特徴《ちょう》　事実

3 ニュースサイトのトップページの例を見て、㋐～㋔の（　）にあてはまる言葉を□から選んで書きましょう。（8×5）

○トップページの例

㋐（　　　）
閲覧《えつ》しているニュースサイトの名前。

㋑（　　　）
政治やスポーツなど、分野名のボタンが並ぶ。選択《たく》すると、その分野の記事の見出しを表示できる。

㋒（　　　）
重要なニュースなど、多くの人に読んでもらいたい、新しい記事の見出し。写真付きで表示される場合もある。

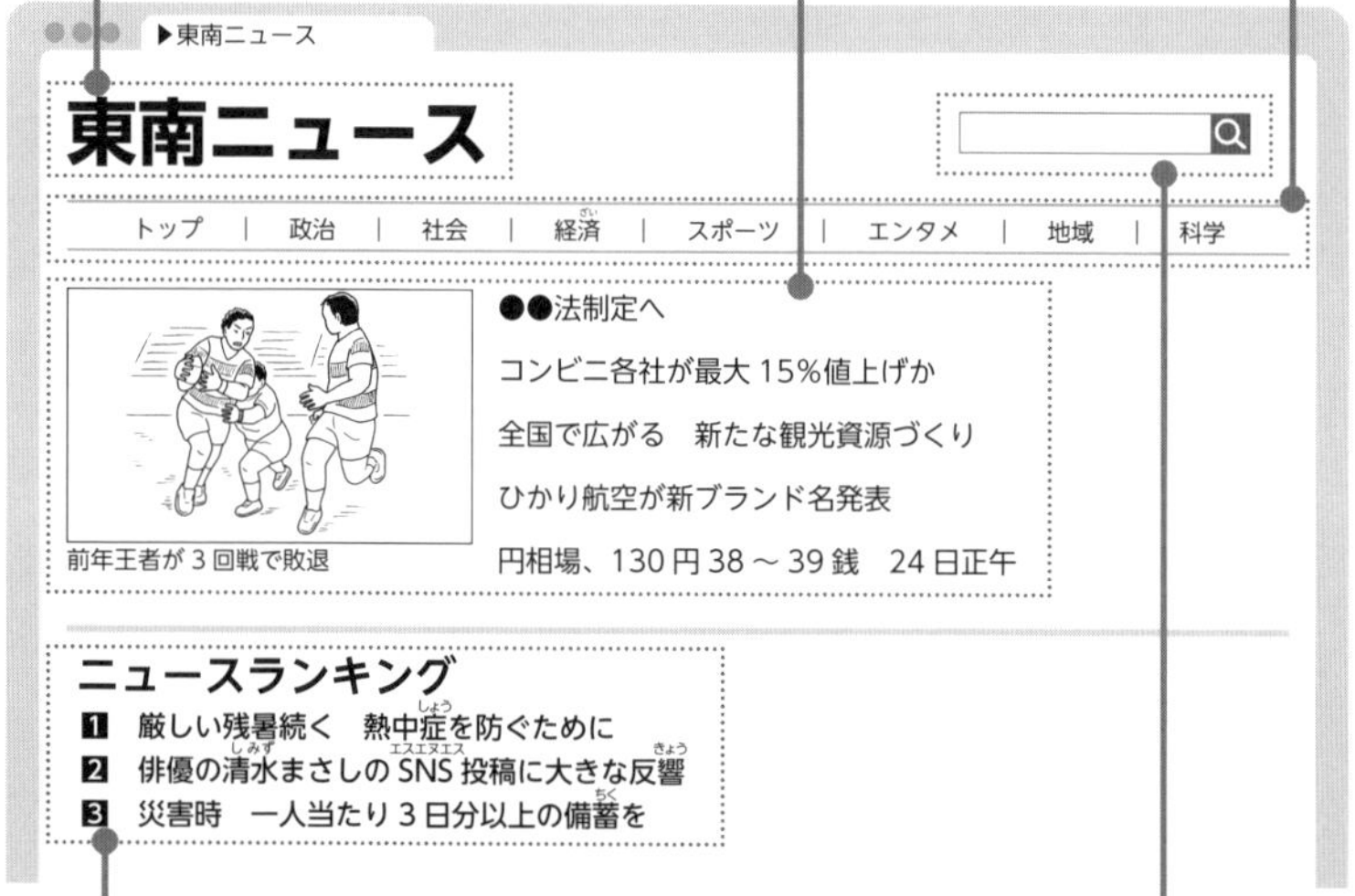

▶東南ニュース
東南ニュース
トップ　政治　社会　経済《ざい》　スポーツ　エンタメ　地域　科学
●●法制定へ
コンビニ各社が最大15%値上げか
全国で広がる　新たな観光資源づくり
ひかり航空が新ブランド名発表
前年王者が3回戦で敗退
円相場、130円38～39銭　24日正午
ニュースランキング
1 厳しい残暑続く　熱中症《しょう》を防ぐために
2 俳優の清水《しみず》まさしのSNS《エスエヌエス》投稿に大きな反響《きょう》
3 災害時　一人当たり3日分以上の備蓄《ちく》を

㋓（　　　）
見ている人が多い順などに従って、ランキング形式で記事の見出しが並ぶ。配信日が古い記事が表示される場合がある。

㋔（　　　）
キーワードを入力すると、関連する記事の一覧が表示できる。知りたい情報がトップニュースに見当たらなかったり、どの分野に当てはまるのかが分からなかったりするときに、効率よく調べることができる。

ランキング　トップニュース　サイト名　検索窓　分野名のボタン

（令和六年度版　光村図書　国語　六　創造「インターネットでニュースを読もう」による）

文章を推敲《こう》しよう

名前

1 教科書を参考に、次の文章を推敲しましょう。（30）

プラスチックごみを減らすことは、ＳＤＧｓ《エスディージーズ》の目標と深く関わっています。ぼくは、新聞を読んで、国内のプラスチックごみが年間で八〇〇万トンもあると知り、おどろきました。なんと、東京スカイツリー二〇〇基分以上の重さだそうです。商品の包装が簡素になったり、以前は無料だったレジぶくろが有料化されたりしましたが、それだけにたよってはいけないと思います。みんなでプラスチックごみを減らしましょう。

〈ヒント〉

○「ＳＤＧｓ」の目標
「つくる責任つかう責任」
「気候変動に具体的な対策を」
「海の豊かさを守ろう」
「陸の豊かさも守ろう」

○ぼくたちができる取り組み
・プラスチック製のカップやストローは使わない。
・ポリぶくろやラップの使い方を見直す。
・ゴミを分別してから出す。
・ゴミ拾い活動を行う。

○引用元…「北西新聞」

2 〈ヒント〉を参考に、1で推敲した文を清書しましょう。（70）

〈参考〉「北西新聞」二〇二四年九月三日朝刊

（令和六年度版　光村図書　国語　六　創造「文章を推敲しよう」による）

季節の言葉２　夏のさかり

名前

□1 ①〜③の言葉の読みを（　）に書きましょう。また、その意味を説明する文章について、㋐〜㋕の（　）にあてはまる言葉を下の□から選んで書きましょう。（①〜③5×3　㋐〜㋕5×6）

① 立夏（五月六日ごろ）（　　）

こよみのうえで、㋐（　　）が始まる日。㋑（　　）や若《わか》葉に、夏の気配が感じられるようになる。

② 夏至（六月二十一日ごろ）（　　）

一年の中で、昼が最も長く、夜が最も㋒（　　）日。昔のこよみでは、夏の㋓（　　）とされた。

③ 大暑（七月二十三日ごろ）（　　）

㋔（　　）日が続き、一年のうちで暑さが最も㋕（　　）ころ。

真ん中　短い　きびしい　新緑　夏　晴れた

□2 季節を区切る二十四節気《にじゅうしせっき》とその説明です。あてはまるものを——線で結びましょう。（5×3）

① 小満《しょうまん》（五月二十一日ごろ）・
② 芒種《ぼうしゅ》（六月六日ごろ）・
③ 小暑《しょうしょ》（七月七日ごろ）・

・つゆが終わりに近づく。この日から「暑中（夏の暑さがさかんな時期）」に入り、暑さが増してくる。
・「芒《のぎ》」とは、いねや麦などの実のからにある、はりの形をした毛のこと。芒のある穀《こく》物の種をまく時期である。
・立夏から十五日目に当たる。陽気がさかんとなり、草木が成長して満ちてくるという意味。

□3 次の短歌、俳《はい》句について、答えましょう。

㋐ めざましき若葉の色の日のいろの揺《ゆ》れを静かにたのしみにけり　島木《しまき》　赤彦《あかひこ》

㋑ くず餅《もち》のきな粉しめりし大暑かな　鈴木《すずき》　真砂女《まさじょ》

(1) ㋐の短歌を五・七・五・七・七、㋑の俳句を五・七・五のリズムで読めるように、「/」線で区切りましょう。（15）

(2) ㋐の短歌について、作者はどんな色の葉がゆれている様子を楽しんでいますか。正しい方に○をつけましょう。（10）

（　）太陽のように真っ赤な色
（　）あざやかな緑色

(3) ㋑の俳句について、夏の季語を抜き出しましょう。（15）

（　　）

（令和六年度版　光村図書　国語　六　創造「季節の言葉２　夏のさかり」による）

やまなし ①

そのお魚が、また上《かみ》からもどってきました。

今度はゆっくり落ち着いて、ひれも尾《お》も動かさず、ただ水にだけ流されながら、お口を輪のように円くしてやって来ました。そのかげは、黒く静かに底の光のあみの上をすべりました。

「㋐お魚は……。」

そのときです。にわかに㋑天井に白いあわが立って、青光りのまるでぎらぎらする鉄砲《ぼう》だまのようなものが、いきなり飛びこんできました。

兄さんのかには、はっきりとその㋒青いものの先が、コンパスのように黒くとがっているのも見ました。と思ううちに、㋓魚の白い腹がぎらっと光って一ぺんひるがえり、上の方へ上ったようでしたが、それっきりもう青いものも魚の形も見えず、光の黄金のあみはゆらゆらゆれ、あわはつぶつぶ流れました。

二ひきはまるで声も出ず、㋔居すくまってしまいました。

お父さんのかにが出てきました。

「どうしたい。ぶるぶるふるえているじゃないか。」

「お父さん、今、㋕おかしなものが来たよ。」

「どんなもんだ。」

「青くてね、光るんだよ。はじが、こんなに黒くとがってるの。それが来たら、お魚が上へ上っていったよ。」

「そいつの目が赤かったかい。」

「分からない。」

「ふうん。しかし、そいつは鳥だよ。かわせみというんだ。だいじょうぶだ、安心しろ。おれたちは構わないんだから。」

「お父さん、お魚はどこへ行ったの。」

「魚かい。魚はこわい所へ行った。」

「こわいよ、お父さん。」

「いい、いい、だいじょうぶだ。心配するな。そら、かばの花が流れてきた。ごらん、きれいだろう。」

（令和六年度版　光村図書　国語　六　創造　宮沢　賢治）

名前

1 お口を輪のように円くしてやって来たのは、だれですか。漢字一文字で書きましょう。(10)

2 ㋐「お魚は……。」と言ったのは、だれですか。ひらがな二文字で書きましょう。(10)

3 ㋑天井とは、何のことですか。正しいものに○をつけましょう。(10)

（　）川の水底　（　）川の水面

（　）空の上

4 ㋒その青いものについて、答えましょう。(15×2)

(1) どのようなものですか。

（　　　　）

(2) 何という鳥でしたか。

（　　　　）

5 ㋓魚の白い腹が…魚の形も見えずとありますが、このことからどのようなことが分かりますか。正しいもの二つに○をつけましょう。(10×2)

（　）魚が、かわせみにつかまえられて、水面の方へ上っていったこと。

（　）魚が、ひれも尾も動かさず、ただ水にだけ流されているだけということ。

（　）水の中に入ってきたかわせみも、魚も、川からいなくなってしまったこと。

6 ㋔居すくまってとありますが、「居すくまる」とは、どんな意味ですか。正しいものに○をつけましょう。(10)

（　）落ち着いてじっとしている。

（　）こわくて動けなくなる。

（　）おどろいて逃げ出す。

7 ㋕おかしなものとは、どんなものですか。まちがっているものに○をつけましょう。(10)

（　）青くて光る。

（　）はじが黒くてとがっている。

（　）ぶるぶるふるえている。

（　）かわせみという鳥である。

やまなし②

名前

● 登場人物
お父さんのかに
子どもらのかに（お兄さんのかに、弟のかに）

そのとき、㋐トブン。

㋑黒い丸い大きなものが、天井から落ちてずうっとしずんで、また上《かみ》へ上っていきました。きらきらっと黄金のぶちが光りました。

「かわせみだ。」

子どもらのかには、㋒首をすくめて言いました。

お父さんのかには、遠《とお》眼鏡のような両方の目をあらん限りのばして、よくよく見てから言いました。

「そうじゃない。あれはやまなしだ。流れていくぞ。ついていってみよう。ああ、いいにおいだな。」

なるほど、そこらの月明かりの水の中は、やまなしのいいにおいでいっぱいでした。

三びきは、ぼかぼか流れていくやまなしの後を追いました。

㋓その横歩きと、底の黒い㋔三つのかげ法師が、合わせて六つ、おどるようにして、やまなしの円いかげを追いました。

まもなく、水はサラサラ鳴り、天井の波はいよいよ青いほのおを上げ、やまなしは横になって木の枝に引っかかって止まり、㋕その上には、月光のにじがもかもか集まりました。

㋖「どうだ、やっぱりやまなしだよ。よく熟している。いいにおいだろう。」

「おいしそうだね、お父さん。」

「待て待て。もう二日ばかり待つとね、㋗こいつは下へしずんでくる。それから、ひとりでにおいしいお酒ができるから。さあ、もう帰ってねよう。おいで。」

親子のかには三びき、自分らのあなに帰っていきます。

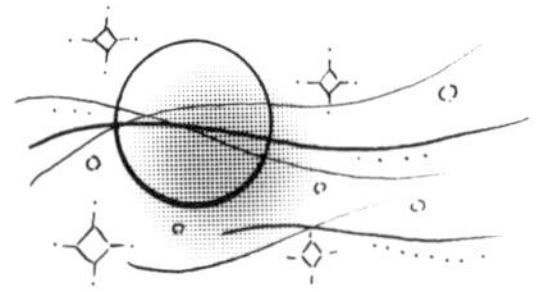

（令和六年度版　光村図書　国語　六　創造　宮沢　賢治）

1 ㋐トブンとは、何がどうした音ですか。（10）

（　　　　）

2 ㋑黒い丸い大きなものについて、答えましょう。（10×2）

(1) 子どもらのかには、これを何だと思いましたか。

（　　　　）

(2) お父さんのかには、これを何だと言いましたか。

（　　　　）

3 ㋒首をすくめてとありますが、「首をすくめる」とはどんな意味ですか。正しいものに○をつけましょう。（5）

（　）不思議に思って首をかたむける
（　）おそろしくて首をちぢめる
（　）興味を持って首を伸ばす

4 次の問いに答えましょう。

(1) ㋓その横歩きの「その」は、何を指していますか。（10）

（　　　　）

(2) ㋔三つのかげ法師とは、だれとだれとだれのかげですか。（5×3）

（　　　　）と（　　　　）と（　　　　）

5 ㋕その上とは、何の上ですか。（10）

（　　　　）

6 ㋖「どうだ、やっぱり…いいにおいだろう。」と言っているのはだれですか。（10）

（　　　　）

7 ㋗こいつとは、何を指していますか。（10）

（　　　　）

8 やまなしは下へしずんできて、どうなるとお父さんのかには言っていますか。（10）

（　　　　）

イーハトーヴの夢①

そして、賢治の作品でわすれてはならない「銀河鉄道の夜」がある。

ある晩、事故でなくなった親友を送って、天上の国まで旅してしまう少年の物語。目をみはるほど美しい天上の風景が出てくる。これは、大切な妹トシをなくした賢治が、悲しみのどん底で書いた作品だ。物語の主人公、ジョバンニが住んでいた町は、イーハトーヴのパノラマ地図の中の種山《たねやま》付近と考えられる。

賢治がイーハトーヴの物語を通して追い求めた理想。㋐それは、人間がみんな人間らしい生き方ができる社会だ。それだけでなく、人間も動物も植物も、たがいに心が通い合うような世界が、賢治の夢だった。一本の木にも、身を切られるときの痛みとか、ひなたぼっこのここちよさとか、いかりとか、思い出とか、㋑そういうものがきっとあるにちがいない。賢治は、その木の心を自分のことのように思って、物語を書いた。

［あ］、時代は、賢治の理想とはちがう方向に進んでいた。さまざまな機械の自動化が始まり、鉄道や通信が発達した。なんでも、早く、合理的にできることがよいと思われるような世の中になった。㋒そんな世の中に、賢治の理想は受け入れられなかった。

初めのころ、賢治は、自分が書いた童話や詩の原稿《こう》をいくつかの出版社に持ちこんだ。でも、どの出版社でも断られた。しかたなく、賢治は、自分で㋓二冊の本を出す。童話集「注文の多い料理店」、詩集「春と修羅《しゅら》」。でも、これもほとんど売れなかった。それどころか、ひどい批評の言葉が返ってくる。自分の作品が理解されないことに、賢治は傷ついた。次に出すつもりで準備を整えていた詩集も、出すのをやめた。

（令和六年度版　光村図書　国語　六　創造　畑山　博）

名前

1 「銀河鉄道の夜」は、賢治がどのような状況のときに書いた作品ですか。(10)

（　　）

2 ㋐それについて、答えましょう。(10×2)

(1) 何を指していますか。

（　　）

(2) どんな社会のことですか。

（　　）

3 ㋑そういうものとはどんなものですか。四つ書きましょう。(5×4)

（　　）（　　）（　　）（　　）

4 ［あ］にあてはまるつなぎ言葉を、［　］から選んで書きましょう

（　　）

だから　そして　けれども

5 ㋒そんな世の中とは、どんな世の中ですか。(10)

（　　）

6 ㋓二冊の本について、答えましょう。

(1) 本のタイトルを書きましょう。(5×2)

（　　）（　　）

(2) その本は、売れましたか。(5)

（　　）

(3) 二冊の本を出して、賢治はなぜ傷ついたのですか。(10)

（　　）

(4) 二冊の本の批評を受けて、賢治は何をしましたか。(10)

（　　）

イーハトーヴの夢 ②

農業に対する考え方にも、変化が起こっていた。

「一度に大勢の生徒を相手に理想を語ってもだめだ。理想と現実の農業はちがう。実際に自分も農民になって、自分で耕しながら人と話さなければ。」㋐そう思った賢治は、三十さいのとき農学校をやめ、「羅須地人《らすちじん》協会」という協会をつくる。農家の若者たちを集め、自分も耕しながら勉強する。㋑それが賢治の目的だった。

協会に集まった農村の青年は三十人ほど。そこで賢治は、農業技術を教え、土とあせの中から新しい芸術を生み出さなければならないことを語った。農民の劇《げき》団をつくったり、みんなで歌やおどりを楽しんだりした。

毎日、北上川《きたかみがわ》沿いのあれ地を耕し、真っ黒に日焼けし、土のにおいをぷんぷんさせる㋒賢治。でもそれは、長くは続かなかった。病気のために、ねこんでしまったのだ。

羅須地人協会は、二年ほどで閉じなければならなくなった。でも次の年、病気が少しよくなると、㋓起き出して村々を歩き回った。

「あなたのこの田んぼは、こういう特徴《ちょう》があるから、今年は、こういう肥料をこのくらいやりなさい。」と、一人一人に教えてあげる㋔ボランティアだ。同時に、賢治は、石灰《かい》肥料会社の共同経営者になって、セールスに歩き回る。石灰肥料は土地改良に役立つものだったので、㋕それを広めることが農民のためになると考えたのだ。岩手県内だけでなく、東北一帯を、毎日毎日飛び回った。

（令和六年度版　光村図書　国語　六　創造　畑山　博）

名前（　　　　）

1 (1) ㋐そう思った賢治について、答えましょう。
賢治は何と思ったのですか。（　）にあてはまる言葉を書きましょう。（5×5）

「一度に（　　）の生徒を相手に（　　）を語ってもだめだ。理想と（　　）の農業はちがう。実際に自分も（　　）になって、自分で（　　）人と話さなければ。」

(2) (1)と思った賢治は、何をつくりましたか。（5）
（　　　　）

2 ㋑それとは、何を指していますか。（10）
（　　　　）

3 賢治は、協会に集まった三十人ほどの農村の青年に何を教え、何を語りましたか。（5×2）
・教えたこと（　　　　）
・語ったこと（　　　　）

4 ㋒賢治について、答えましょう。（5×2）
(1) 毎日、賢治は何をしましたか。
（　　　　）
(2) (1)の後、賢治はどうなりましたか。
（　　　　）

5 ㋓起き出して村々を歩き回ったのは、だれですか。（10）
（　　　　）

6 ㋔ボランティアについて、答えましょう。（10×2）
(1) だれがしましたか。
（　　　　）
(2) どんなボランティアですか。
（　　　　）

7 ㋕それとは、何を指していますか。（10）
（　　　　）

イーハトーヴの夢 ③

そのために、またまた体をこわしてしまう。三十五さい。ついに㋐旅先で発熱。起き上がることができなくなった。もうだめかもしれないと思って、遺書を書くほどの衰《すい》弱ぶりだった。どうにかやっと自分をはげまして、花巻に帰ったけれど、それっきりとこをはなれることができなくなった。

そのまま二年間、賢治は病気とたたかうが、体はますます弱っていった。【あ】、一九三三年（昭和八年）九月二十一日が来る。

㋑前の晩、急性肺炎《えん》を起こした賢治は、呼吸ができないほど苦しんでいた。【い】、夜七時ごろ、来客があった。見知らぬ人だったけれど、「肥料のことで教えてもらいたいことがある。」と言う。【う】賢治は、着物を着がえて出ていき、一時間以上も、ていねいに教えてあげた。

それで、最後の力を出し切ってしまったのかもしれない。㋒翌日の朝、賢治は、激しく血をはいてしまう。心配した家族は、全員が家の二階の病室に集まった。それで安心したのか、賢治は少し落ち着いた。みんなはまた階下にもどっていった。母親のイチだけが残った。㋓その母に、賢治は、

「お母さん、すまないけど、水を一ぱいください。」

と言った。そして、母が差し出した水を、おいしそうに飲んだ。

それから、オキシドールを消毒綿に付けて、手をふき、首をふき、体全体をきれいにふいた。

「ああ、いい気持ちだ。ああ、いい気持ちだ。」

それが㋔最後の言葉だった。

午後一時三十分。死のとことなった部屋のかたすみには、生きているうちには、ついに本になることのなかった名作の数々、㋕その原稿がうずたかく積まれ、静かに、秋の日差しの中で、光っていた。

（令和六年度版　光村図書　国語　六　創造　畑山　博）

名前

1 ㋐旅先で発熱した後、賢治は何をしましたか。二つ書きましょう。（10×2）

（　　）

（　　）

2 あ～うにあてはまるつなぎ言葉を［　］から選んで書きましょう。（5×3）

あ（　　）　い（　　）　う（　　）

［なのに　すると　そして］

3 ㋑前の晩について、答えましょう。

(1) 何年何月何日ですか。（10）

（　　）年（　　）月（　　）日

(2) 賢治は見知らぬ人に何を教えましたか。（10）

（　　）

4 ㋒翌日の朝は、何年何月何日ですか。（10）

（　　）年（　　）月（　　）日

5 ㋓その母に、賢治は何と言って、何をしましたか。（10）

（　　）

6 賢治が言った㋔最後の言葉を、文中から抜き出しましょう。（10）

（　　）

7 ㋕その原稿とは、どんな原稿ですか。（15）

（　　）

熟語の成り立ち ①

名前

1 次の成り立ちにあう熟語を［　］から選んで書きましょう。（3×12）

㋐ 似た意味の漢字の組み合わせ

□　□　□

㋑ 意味が対《つい》になる漢字の組み合わせ

□　□　□

㋒ 上の漢字が下の漢字を修飾《しょく》する関係にある組み合わせ

□　□　□

㋓ 「――を」「――に」に当たる意味の漢字が下に来る組み合わせ

□　□　□

山頂　縦横　洗顔　寒冷
苦楽　裏庭　養蚕　玉石
仁愛　除雪　自己　強敵

2 次の熟語の成り立ちを［　］から選んで、（　）に記号を書きましょう。（2×10）

（　）温泉　（　）苦楽
（　）忠誠　（　）大声
（　）読書　（　）休日
（　）勝負　（　）着席
（　）帰国　（　）絵画

㋐ 似た意味の漢字の組み合わせ
㋑ 意味が対になる漢字の組み合わせ
㋒ 上の漢字が下の漢字を修飾する関係にある組み合わせ
㋓ 「――を」「――に」に当たる意味の漢字が下に来る組み合わせ

3 次の熟語の成り立ちを［　］から選んで、（　）に記号を書きましょう。（4×5）

（　）運動場
（　）不安定
（　）衣食住
（　）新記録
（　）近代化

㋐ 二字の語の頭に一字を加えた熟語
㋑ 二字の語の後ろに一字を加えた熟語
㋒ 一字の語の集まりから成る熟語

4 次の□にあてはまる打ち消しの語を［　］から選んで書きましょう。（3×4）

① □常識　② □解決
③ □意識　④ □安定

不　未　無　非

5 次の□に「的」「化」のどちらかを入れて、熟語を作りましょう。（3×4）

① 複雑□　② 利己□
③ 意欲□　④ 高齢□

熟語の成り立ち ②

1 次の熟語は、いくつかの語が集まってできています。〈例〉のように、書きましょう。（3×7）

〈例〉高性能 → （高）＋（性能）

① 新聞社 → （　）＋（　）

② 低学年 → （　）＋（　）

③ 市町村 → （　）＋（　）＋（　）

④ 再利用 → （　）＋（　）

⑤ 銀河系 → （　）＋（　）

⑥ 加盟国 → （　）＋（　）

⑦ 松竹梅 → （　）＋（　）＋（　）

2 次の□に、打ち消しの語（不・無・未・非）のどれかを入れて、三字の熟語を作りましょう。（5×4）

① □責任

② □課税

③ □公平

④ □発表

3 次の□に（的・化・性）のどれかを入れて、三字の熟語を作りましょう。（5×4）

① 可能□

② 典型□

③ 温暖□

④ 危険□

名前

4 次の熟語の成り立ちを[　]から選んで、（　）に記号を書きましょう。（3×6）

（　）新聞記者

（　）紙飛行機

（　）都道府県

（　）地球温暖化

（　）春夏秋冬

（　）国民体育大会

㋐ 一字の語の集まりから成る熟語

㋑ いくつかの語の集まりから成る熟語

5 次の熟語は、いくつかの語が集まってできています。〈例〉のように、書きましょう。（3×7）

〈例〉国語辞典 → （国語）＋（辞典）

① 株式会社 → （　）＋（　）

② 海水浴客 → （　）＋（　）

③ 東西南北 → （　）＋（　）＋（　）＋（　）

④ 納税義務 → （　）＋（　）

⑤ 宇宙飛行士 → （　）＋（　）＋（　）

⑥ 下水処理場 → （　）＋（　）＋（　）

⑦ 図書館司書 → （　）＋（　）＋（　）

伝えにくいことを伝える

● 次の文章を読んで答えましょう。

私たちの日常生活では、相手の考えや行動に対して否定的な意見を言うなど、(あ)少し伝えにくいことを伝えなければならないときがあります。

ここでは、ボールの使い方に関する場面を例に、考えてみましょう。

Aさん

ボールはクラスに一つしかないのに、いつも同じ人が使っている。みんなで使ったほうがいいと思うんだけど、どう言ったらいいだろう。

どのように言うと、自分の伝えたいことを相手に受け止めてもらえるでしょう。次のように言うと、相手はどう感じるでしょうか。

㋐ いつも自分たちだけがボールを持っていくのはずるい。自分勝手だよ。

㋑ いいなあ。ぼくもボールで遊びたいなあ。

㋒ 他にもボールを使いたい人がいるんじゃないかな。使い方のルールを決めようよ。

名前

1 少し伝えにくいことを伝えなければならないときとは、どんなときですか。(15)

（　　　　）

2 Aさんは、ボールの使い方について、どんなところが問題だと考えていますか。(15)

（　　　　）

3 次の文の説明は、文中の㋐〜㋒のどの言い方にあてはまりますか。記号で答えましょう。(15×3)

（　）自分が伝えたいことを伝えられる。ボールの使い方のルールが決まって、みんなが気持ちよく使えるようになるかもしれない。

（　）自分の伝えたいことは伝わるが、けんかになったり相手との関係が気まずくなるかもしれない。

（　）相手はいやな思いをしないが、自分の思いや要求が正確に伝わらないかもしれない。

4 次の文章は、伝えにくいことを伝えるときに大切なことをまとめたものです。（　）にあてはまる言葉を[　]から選んで書きましょう。(5×5)

伝えにくいことを伝えるときには、相手に（　　）に伝わり、また、（　　）に受け止めてもらえるように話すことが大切です。気持ちをぶつけるのではなく、次のように冷静に説明してみましょう。

① （　　）を具体的に説明する。

② 自分の気持ちや（　　）を述べる。

③ 自分の（　　）を伝える。

[考え　正確　事実　希望　冷静]

（令和六年度版　光村図書　国語　六　創造「伝えにくいことを伝える」による）

話し言葉と書き言葉

名前

1　次の文は、話し言葉と書き言葉のうち、どちらの説明をしたものですか。話し言葉には(は)、書き言葉には(か)と（　）に書きましょう。（5×6）

（　）ふつう、共通語で書く。

（　）ふつう、相手に応じた言葉づかいをする。

（　）声の大きさや上げ下げ、間の取り方などで、気持ちを表すことができる。

（　）読み手は後から何度も内容を確かめられる。

（　）誤解をあたえないように語順や構成を整えたり、誤字に注意する必要がある。

（　）相手の反応を見ながら話ができ、言いまちがいをすぐに直したり、ちがう言い方で説明したりすることができる。

2　話し言葉は、「こそあど言葉」で表すことができます。「こそあど言葉」の説明として、正しいもの二つに〇をつけましょう。（10×2）

（　）人物や物事を指し示す言葉。

（　）方角を指す指示語には、「この」、「あの」などがある。

（　）話し手・聞き手と物事とのきょりによって使い分けられる。

3　デジタル機器を使って、短い文をやり取りする際に気をつけるべきことについて、正しい方に〇をつけましょう。（15）

（　）文字から表情や声の調子を伝えることができるので、自分の感情がはっきりと伝わる表現を選ぶ。

（　）誤解が生まれないように、相手がどう受け止めるかを考えて、表現を選ぶ。

4　次の文章は、話し言葉と書き言葉のどちらですか。話し言葉には(は)、書き言葉には(か)と（　）に書きましょう。（10×2）

（　）明日のお楽しみ会では、五百円以内のプレゼントを持って来てください。プレゼント交換を行います。

（　）明日のお楽しみ会で、プレゼント交換をするよ。だから、みんなプレゼントを持ってきてね。あ、プレゼントは五百円以内だよ。

5　次の文章は、親しい人に向けて話したものです。これを全校児童に伝える文章にするために、適切な表現に変えて、書き直しましょう。（15）

> ろう下を走る人がいっぱいいるよ。危ないし、ぶつかってけがをした人もいたみたい。見かけたら注意をしてるけど、ぜんぜんダメ。どうしたら、ろう下を安全に歩けるようになるんだろう。

古典芸能の世界

名前

1　次の文章を読んで答えましょう。

能

能は、室町《むろまち》時代に行われるようになった演劇で、主役の多くは神や死者です。登場人物の他に、歌や楽器の担《たん》当など、十数人が登場します。主人公の多くは、能面を用います。顔の向きを変えることで表情の変化を表現し、観客は、そこから登場人物の気持ちを想像します。

歌舞伎《かぶき》

歌舞伎は、江戸時代に誕生した、音楽やおどり、登場人物のせりふやしぐさといった要素を合わせた演劇です。歌舞伎には、独特な演出や演技があります。

隈取《くまどり》
筋《きん》肉などを強調した表現で、表情や役がらを印象づける化粧《けしょう》のしかた。

見得《みえ》
見せ場で体の動きを止めて、目を大きく開いてにらむ動き。

（令和六年度版　光村図書　国語　六　創造「古典芸能の世界」による）

(1) 能には、どんな人が登場しますか。（　）にあてはまる言葉を書きましょう。(5×2)

（　　）の他に、（　　）など。

(2) 能面を用いて顔の向きを変えることで、どんな効果がありますか。(10)

（　　）

(3) 歌舞伎は、どのような要素を合わせた演劇ですか。四つ書きましょう。(5×4)

（　　）（　　）（　　）（　　）

(4) 次の文は、隈取、見得のどちらについて説明したものですか。隈取には㋗、見得には㋯と（　）に書きましょう。(6×4)

（　　）見せ場での動き。
（　　）化粧のしかた。
（　　）筋肉などを強調した表現。
（　　）体の動きを止めて、目を大きく開く。

2　次の文章は、昔から続いている三つの古典芸能について特色をまとめたものです。（　）にあてはまる言葉を□から選んで書きましょう。(3×12)

	始まった時代	特色
狂《きょう》言	（　　）時代	・観客を笑わせる（　　）。 ・何もない舞《ぶ》台の上で、役者自身が、動物の（　　）や鐘《かね》の音などを声に出して表現する。
人形浄瑠璃《じょうるり》（文楽《ぶんらく》）	江戸《えど》時代	・せりふや場面の様子などを語る（「　　」）、伴《ばん》奏の（「　　」）、（　　）をあやつる（「　　」）により演じられる。
落語	（　　）時代	・（　　）を交えて一人で語る芸。 ・（　　）が多く、最後は、（　　）や意外な結末など、（「　　」）とよばれる効果的な表現でしめくくられる。

江戸　室町　人形　落ち　身ぶり　太夫《たゆう》　喜劇　三味線《しゃみせん》　鳴き声　笑える話　しゃれ　人形つかい

狂言《きょう》「柿山伏《かきやまぶし》」を楽しもう

●「柿山伏」の一部を読んで答えましょう。

登場人物
シテ（主役）　山伏
アド（相手役）　柿主

修《しゅ》行を終えたばかりの山伏が、空腹のあまりに、柿の木に登って柿を食べていたところ、柿主に見つかってしまった。

柿主　やい、やい、やい、やい、やい。
山伏　そりゃ、見つけられたそうな。かくれずはなるまい。（と、(あ)顔をかくす。）
柿主　さればこそ、顔をかくいた。あの柿の木のかげへかくれたを、(い)ようよう見れば、人ではないと見えた。
山伏　(う)まず落ち着いた。人ではないと申す。
柿主　あれは　からすじゃ。
山伏　やあ、からすじゃと申す。
柿主　からすならば鳴くものじゃが、おのれは鳴かぬか。
山伏　これは鳴かずは　なるまい。
柿主　おのれ、鳴かずは人であろう。その弓矢(え)をおこせ、一矢《ひとや》に射殺いてやろう。
山伏　こかあ、こかあ、こかあ、こかあ。
柿主　（笑って）さればこそ、鳴いたり鳴いたり。また、あれをようよう見れば、からすではのうてさるじゃ。
山伏　やあ、今度はさるじゃと申す。
柿主　さるならば、(お)身せせりをして鳴くものじゃが、おのれは鳴かぬか。
山伏　身せせりをして、鳴かずは　なるまい。
柿主　おのれ、鳴かずは人であろう。そのやりを持てこい、つき殺いてやろう。
山伏　（手でこしをかくようにしながら）きゃあ、きゃあ、きゃあ、きゃあ。
柿主　（笑って）鳴いたり鳴いたり。さてさて(か)きやつは、物まねの上手なやつじゃ。

（令和六年度版　光村図書　国語　六　創造　「狂言『柿山伏』を楽しもう」による）

1　(あ)～(か)の言葉の意味を[　]から選んで書きましょう。（5×6）

(あ)（　　）　(い)（　　）　(う)（　　）　(え)（　　）　(お)（　　）　(か)（　　）

安心した　あいつ　かくした
よこせ　よくよく　毛づくろい

2　山伏は、どこにかくれましたか。（15）

（　　）

3　山伏が鳴きまねをした動物の名前を[　]に書きましょう。また、その動物のまねをしたときの鳴き声を（　）に書きましょう。（5×4）

・[　　]（　　）
・[　　]（　　）

4　山伏が、からすの鳴きまねをしたのはなぜですか。理由となる柿主の言葉を文中から二文で抜き出しましょう。（15）

（　　）

5　この作品の説明について、正しいもの二つに○をつけましょう。（10×2）

（　）観客を笑わせる喜劇である。
（　）観客を泣かせる悲劇である。
（　）人は、追いつめられると罪を正直に告白するものだということをたとえている。
（　）人は、追いつめられると罪をかくそうとこっけいな姿をさらすものだということをたとえている。

名前

『鳥獣戯画《ちょうじゅうぎが》』を読む ①

はっけよい、のこった。秋草の咲《さ》き乱れる野で、蛙《かえる》と兎《うさぎ》が㋐相撲《すもう》をとっている。蛙が外掛《が》け、すかさず兎は足をからめて返し技《わざ》。その名はなんと、㋑かわづ掛け。おっと、蛙が兎の耳をがぶりとかんだ。㋒この反則技に、たまらず兎は顔をそむけ、ひるんだところを蛙が――。

墨《すみ》一色、抑揚《よくよう》のある線と濃淡《のうたん》だけ、のびのびと見事な筆運び、その気品。みんな生き生きと躍《やく》動していて、まるで人間みたいに遊んでいる。[あ]、こんなに人間くさいのに、何から何まで本物の生き物のまま。耳の先だけがぽちんと黒いのは、白い冬毛の北国の野ウサギ。蛙はトノサマガエル。まだら模様があって、いく筋か背中が盛り上がっている。ただの空想ではなく、ちゃんと動物を観察したうえで、骨格も、手足も、毛並みも、ほぼ㋓正確にしっかりと描《えが》いている。[い]、この絵を見ると、さっきまで四本足で駆《か》けたり跳《と》びはねたりしていた本当の兎や蛙たちが、今ひょいと立って遊び始めたのだとしか思えない。

この絵は、『鳥獣人物戯画』甲《こう》巻、通称《しょう》㋔『鳥獣戯画』の一場面。『鳥獣戯画』は、「漫《まん》画の祖」とも言われる国宝の絵巻物だ。なぜ漫画の祖とよばれているのか、この一場面を見ただけでもわかる。

（令和六年度版 光村図書 国語 六 創造 高畑 勲）

名前

1 ㋐相撲をとっているとありますが、相撲のかけ声を文中から抜き出しましょう。（10）

（　　　）

2 ㋑かわづ掛けについて、答えましょう。（10×2）

(1) かわづ掛けをしたのは、だれですか。

（　　　）

(2) どんな技ですか。

（　　　）

3 ㋒この反則技とは、どんなことですか。（10）

（　　　）

4 あ・いにあてはまるつなぎ言葉を[　　]から選んで書きましょう。（5×2）

あ（　　　）　い（　　　）

[だから　すると　けれども]

5 上の絵の中で、次の動物にはどんな特色がありますか。文中から抜き出しましょう。（10×2）

(1) 白い冬毛の北国の野ウサギ

（　　　）

(2) トノサマガエル

（　　　）

6 何を㋓正確に描いていますか。三つ書きましょう。（5×3）

動物の①（　　　）・②（　　　）・③（　　　）

7 ㋔『鳥獣戯画』は、どんな絵巻物ですか。文中から抜き出しましょう。（15）

（　　　）絵巻物

『鳥獣戯画《ちょうじゅうぎが》』を読む ②

もう少しくわしく絵を見てみよう。まず、兎《うさぎ》を投げ飛ばした蛙《かえる》の口から線が出ているのに気がついたかな。いったい㋐これはなんだろう。けむりかな、　あ　息かな。ポーズだけでなく、目と口の描き方で、蛙の絵には、投げ飛ばしたとたんの㋑激しい気合いがこもっていることがわかるね。そう、きっとこれは、「ええい！」とか、「ゲロロッ」とか、気合いの声なのではないか。まるで漫《まん》画のふき出しと同じようなことを、こんな昔からやっているのだ。

㋒もんどりうって転がった兎の、背中や右足の線。勢いがあって、絵が止まっていない。動きがある。　い　、投げられたのに目も口も笑っている。それがはっきりとわかる。そういえば、前の絵の、応援《えん》していた兎たちも笑っていた。ほんのちょっとした筆さばきだけで、見事にそれを表現している。たいしたものだ。では、なぜ、兎たちは笑っていたのだろうか。蛙と兎は仲良しで、この相撲《すもう》も、対立や真剣《けん》勝負を描いているのではなく、蛙のずるをふくめ、あくまでも和気あいあいとした遊びだからにちがいない。

絵巻の絵は、くり広げるにつれて、右から左へと時間が流れていく。ではもう一度、この場面の全体を見てみよう。まず、「おいおい、それはないよ」と、笑いながら抗議《こう》する応援の兎が出てきて、その先を見ると、相撲の蛙が兎の耳をかんでいる。そして、その蛙が激しい気合いとともに兎を投げ飛ばすと、兎は応援蛙たちの足元に転がって、三匹《びき》の蛙は㋓それに反応する。一枚の絵だからといって、ある一瞬《しゅん》をとらえているのではなく、次々と時間が流れていることがわかるだろう。

（　）（　）（　）　（　）（　）

（令和六年度版　光村図書　国語　六　創造　高畑　勲）

名前

1 ㋐これについて、答えましょう。（10×2）

(1) 何を指していますか。

（　　　　）

(2) 筆者は何の声なのではないかと言っていますか。

（　　　　）の声

2 蛙の絵には、㋑激しい気合いがこもっているとありますが、それは何の描き方からわかりますか。文中から抜き出しましょう。（15）

（　　　　）

3 ㋒もんどりうって転がったとは、どんな意味ですか。正しいものに○をつけましょう。（15）

（　）前に引きたおされて転がった。

（　）くるっと回って転がった。

（　）坂道をくるくると転がった。

4 上の絵の（　）の中に、次のA～Eの記号を入れましょう。（5×5）

A　兎が応援蛙たちの足元に転がる。

B　蛙が兎を投げ飛ばす。

C　「おいおい、それはないよ」と、笑いながら抗議する応援の兎。

D　三匹の蛙がそれに反応する。

E　蛙が兎の耳をかむ。

5 ㋓それとは、何を指していますか。（15）

（　　　　）

6 あ、いにあてはまるつなぎ言葉を［　］から選んで書きましょう。（5×2）

あ（　　　　）　い（　　　　）

しかも　けれど　それとも

カンジー博士の漢字学習の秘伝 ①

名前

1 線の数や点があるかないか、つき出すかつき出さないか等に気をつけて、□にあてはまる漢字を書きましょう。（3×20）

①
- □《こう》演会を聞きに行く。
- 目標を□《たっ》成する。
- 図形の面□《せき》を求める。
- 新しい生活に□《な》れる。
- □《なん》題に取り組む。

②
- □《はく》物館を見学する。
- 地□《いき》の歴史を調べる。
- □《き》械を修理する
- □《はつ》日の出を見る。
- □《せん》門家の意見を聞く。

③
- 鉄□《ぼう》で逆上がりをする。
- ピアノを演□《そう》する。
- 生活習慣を改□《ぜん》する。
- □《すい》直な線を引く。
- 手を合わせて□《おが》む。

④
- □《じょう》気機関車が走る。
- 人□《みゃく》を広げる。
- 銀行に□《しゅう》職する。
- □《き》険な場所には近づかない。
- 子どもは、□《じゅん》粋だ。

2 次の——線の言葉を漢字と送りがなで書くとき、送りがなが正しい方に○をつけましょう。（5×3）

(1) 新しい政策をこころみる。
（　）試る　（　）試みる　（　）試ろみる

(2) 辞書で意味をたしかめる。
（　）確る　（　）確める　（　）確かめる

(3) みずから意見を出す。
（　）自ら　（　）自から　（　）自ずから

3 次の——線の言葉を、漢字と送りがなで書きましょう。（5×5）

(1) 原因があきらかになる。（　　）

(2) ふたたび事件が起こる。（　　）

(3) かならず夢をかなえる。（　　）

(4) 田舎の実家にかえる。（　　）

(5) 早朝に目がさめる。（　　）

カンジー博士の漢字学習の秘伝 ②

名前

1 ――線の言葉の読みがなを書きましょう。（2×20）

(1)
・打ち上げ花火。（　　）
・火事が起こる。（　　）

(2)
・郵便配達。（　　）
・不便な場所。（　　）

(3)
・行列に並ぶ。（　　）
・親孝行をする。（　　）

(4)
・家賃をはらう。（　　）
・家路に着く。（　　）
・画家になる。（　　）

(5)
・作業を手伝う。（　　）
・料理を作る。（　　）
・グラフを作成する。（　　）

(6)
・白米が好きだ。（　　）
・米俵をかつぐ。（　　）
・全米が泣いた映画。（　　）

(7)
・金具で固定する。（　　）
・宝石が黄金に光る。（　　）
・金額を計算する。（　　）

(8)
・作物が育つ。（　　）
・物資を送る。（　　）

2 ――線の言葉を、それぞれ送りがなをふくめた漢字に直して書きましょう。（3×20）

(1)
・六時に目がさめる。（　　）
・スープがさめる。（　　）

(2)
・姉は、明るいせいかくだ。（　　）
・せいかくに計算する。（　　）

(3)
・体育いがいは得意だ。（　　）
・いがいとおいしい。（　　）

(4)
・問題にかいとうする。（　　）
・調査にかいとうする。（　　）

(5)
・やさしい問題。（　　）
・田中さんは、やさしい。（　　）

(6)
・工場につとめる。（　　）
・委員長をつとめる。（　　）
・研究につとめる。（　　）

(7)
・左右たいしょうの図形。（　　）
・たいしょう的な性格。（　　）
・たいしょう年齢。（　　）

(8)
・国をおさめる。（　　）
・学問をおさめる。（　　）
・税金をおさめる。（　　）
・費用を予算内におさめる。（　　）

季節の言葉3　秋の深まり

名前

1　①〜③の言葉の読みを〔　〕に書きましょう。また、その意味を説明する文章について、㋐〜㋖の（　）にあてはまる言葉を下の［　］から選んで書きましょう。（①〜③5×3、㋐〜㋖5×7）

① 立秋（八月八日ごろ）〔　　　〕

こよみのうえで、㋐（　　）が始まる日。まだ㋑（　　）は厳しいが、ふく風に、秋が近いことが感じられるようになる。

② 秋分（九月二十三日ごろ）〔　　　〕

昼と夜の㋒（　　）がほぼ等しくなる。これより後は、㋓（　　）の時間が長くなっていく。秋の㋔（　　）の中日《ちゅうにち》である。

③ 寒露（十月八日ごろ）〔　　　〕

冷気に当たって、㋕（　　）もこおりそうになるころ。木々の葉も、㋖（　　）したり、落葉したりするようになる。

夜　秋　ひがん　残暑　紅《こう》葉　つゆ　長さ

2　季節を区切る二十四節気《にじゅうしせっき》とその説明です。あてはまるものを——線で結びましょう。（5×3）

① 処暑《しょしょ》（八月二十三日ごろ）・

② 白露《はくろ》（九月八日ごろ）・

③ 霜降《そうこう》（十月二十三日ごろ）・

・草木の葉につゆが結ぶころ。このころから、だんだん秋らしい感じが増してくる。

・しもが降りるころ。虫の音が減り、寒さが増して、冬が近づいてきたことを感じられるようになる。

・暑さがやむという意味。立秋から十五日目に当たる。このころから、すずしくなり始める。

3　次の短歌、俳句について、答えましょう。

㋐ とことは《（わ）》に吹《ふ》く夕暮《ぐれ》の風なれど
　あ秋立つ日こそ涼《すず》しかりけれ
　藤原《ふじわらの》　公実《きんざね》

㋑ 白露《しらつゆ》や茨の刺《とげ》に一つづ《（ず）》つ
　与謝《よさ》　蕪村《ぶそん》

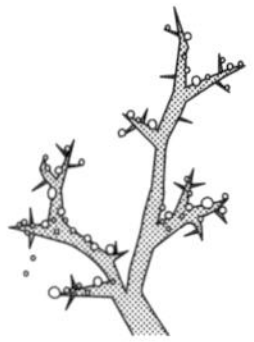

(1) ㋐の短歌を五・七・五・七・七、㋑の俳句を五・七・五のリズムで読めるように、「/」線で区切りましょう。（10）

(2) ㋐の短歌について、あ秋立つ日とは、二十四節気のうち、いつのことを指していますか。漢字二文字で書きましょう。（10）

(3) ㋑の俳句について、秋の季語を抜き出しましょう。（15）

〔　　　〕

（令和六年度版　光村図書　国語　六　創造「季節の言葉3　秋の深まり」による）

ぼくのブック・ウーマン ①

● 教科書の「ぼくのブック・ウーマン」の次の文章を読んで、答えましょう。

名前

教科書

〔ぼくの家があるのは、山のずっと高い所だ。…〕〜〔…なんと勇ましいんだろうと、ぼくは思った。〕

1 「ぼく」について、正しいもの三つに○をつけましょう。(4×3)

( ) 名前は、「カル」である。

( ) 長男である。

( ) 本が好きで、一日中本ばかり読んでいる。

( ) 父さんの手伝いをしている。

2 カルの家族は、カルをふくめて何人ですか。( )に漢数字を書きましょう。(5)

( ) 人

3 カルは、家族のために何をしていますか。三つ書きましょう。(5×3)

( )

( )

( )

4 父さんは口ぐせのように言うとありますが、父さんの口ぐせを文中から抜き出しましょう。(10)

( )

5 赤土色をした馬にまたがっている女の人は、どんな服装をしていましたか。(10)

( )

6 バッグの中からこぼれ出た物とは、何ですか。文中から一文字で抜き出しましょう。(5)

□

7 父さんが「物々交換しよう。」と言ったとき、カルと女の人はどんな反応をしましたか。(5×2)

カル ( )

女の人 ( )

8 ぼくは、背中の後ろでにぎりこぶしを固めたとありますが、ここから「ぼく」のどんな気持ちが分かりますか。正しいものに○をつけましょう。(5)

( ) うれしい気持ち
( ) はずかしい気持ち
( ) 腹立たしい気持ち

9 次の文で、カルにあてはまるものは㋕、ラークなら㋶、女の人なら㊛と書きましょう。(4×7)

( ) 二週間たったら、本を交かんしに来る。

( ) ひまさえあれば、一日中本ばかり読んでいる。

( ) 女の人が乗っている馬は、なんと勇ましいんだろうと思う。

( ) ここえそうに寒い日も、本を交かんしに来る。

( ) 母さんにパイを作ってもらうために、キイチゴをつんできた。

( ) 父さんが何をあげようと言っても、受け取ろうとしない。

( ) 女の人のバッグの中からこぼれ出た物を見て、その宝物をつかもうと思わず手をのばした。

ぼくのブック・ウーマン ②

名前

● 教科書の「ぼくのブック・ウーマン」の次の文章を読んで、答えましょう。

教科書
〔やがて、冬をむかえた。雪が積もって、…〕
〜
〔…思わず、ぼくもほほえみ返した。〕

1 やがて、冬をむかえたとありますが、風がどんな音を立ててふいていますか。（10）

（　　　　）

2 ぼくたち家族は、家から一歩も外へ出られないとありますが、なぜ出られないのですか。（10）

（　　　　）

3 女の人が、ドアのすき間から本を手わたしたのはなぜですか。（10）

（　　　　）

4 「ぼく」は、馬だけでなく、どんな人も勇気があると思いましたか。文中からカタカナで抜き出しましょう。（10）

（　　　　）

5 自分でも不思議に思うけれど、でも、本当なんだとありますが、何が本当なのですか。（10）

（　　　　）

6 思い切って自分の気持ちを伝えたとありますが、「ぼく」の気持ちを表した部分を文中から抜き出しましょう。（10）

（　　　　）

7 「プレゼントは、それで十分。」とありますが、女の人は何をプレゼントしてほしいと言いましたか。（10）

（　　　　）

8 次の文で、カルにあてはまるものは㋕、ラークなら㋶、女の人なら（女）、父さんなら（父）、母さんなら（母）と書きましょう。（3×10）

（　）雪の日に、窓ガラスをトントンとたたく。

（　）「今夜は、とまっていけばいい。」と女の人に言う。

（　）馬だけでなく、馬に乗っている人にも勇気があると思う。

（　）カルのすわる場所を空けてくれる。

（　）キイチゴを使ったパイのレシピを女の人にプレゼントする。

（　）ドアのすき間から本を手わたす。

（　）「本を読める子をもう一人増やしていただきました」と女の人に言う。

（　）今年は、いつまでも寒さが続くと予想する。

（　）だきかかえていた本を少しだけ声に出して読む。

（　）「プレゼントは、それで十分。」と言って、えみをうかべる。

詩を朗読してしょうかいしよう

名前

● 次の詩を読んで、答えましょう。

〈ぽくぽく〉　八木《やぎ》　重吉《じゅうきち》

ぽくぽく
ぽくぽく
まりを　ついてると
にがい　にがい　いままでのことが
ぽくぽく
ぽくぽく
むすびめが　ほぐされて
花がさいたようにみえてくる

（令和六年度版　光村図書　国語　六　創造　八木　重吉）

動物たちの恐《おそ》ろしい夢のなかに　川崎《かわさき》　洋《ひろし》

犬も
馬も
夢をみるらしい

動物たちの
恐ろしい夢のなかに
人間がいませんように

（令和六年度版　光村図書　国語　六　創造　川崎　洋）

うぐいす　武鹿《ぶしか》　悦子《えつこ》

うぐいすの　こえ
すきとおる
はるのつめたさ
におわせて

うぐいすの　こえ
すきとおる
うちゅうが　一しゅん
しん、とする

（令和六年度版　光村図書　国語　六　創造　武鹿　悦子）

1 「〈ぽくぽく〉」について、答えましょう。

(1) この詩の中で、四回くり返し出てくる言葉を書きましょう。(10)

（　　　　）

(2) 「ぽくぽく」とは、何の音ですか。(10)

（　　　　）

(3) この詩の意味として、正しい方に○をつけましょう。(10)

（　）まりをついていると、過去のつらいことがなぐさめられ、気分が軽やかになる。

（　）まりをついていると、過去のつらいことが思い出され、悲しくなる。

2 「動物たちの恐ろしい夢のなかに」について、答えましょう。

(1) どの動物が夢をみるらしいといっていますか。二つ書きましょう。(10×2)

（　　　　）（　　　　）

(2) なぜ、動物たちの恐ろしい夢のなかに人間がいませんようにといっているのですか。あなたの考えを書きましょう。(10)

（　　　　）

3 「うぐいす」について、答えましょう。

(1) 何連で書かれた詩ですか。(10)

（　　　　）連

(2) 詩の中でくり返し書かれている二行を書き出しましょう。(15)

（　　　　）

(3) 周りがとても静かな様子が分かる表現を、二行で抜き出しましょう。(15)

（　　　　）

日本の文字文化

名前

1 次の文章を読んで、答えましょう。

日本語の表記

言葉を文字や記号で表すことを、表記といいます。

現在、日本語の文章は、漢字と仮名《かな》（平仮名・片仮名）を使う、漢字仮名交じり文で書き表されるのがふつうです。漢字と仮名を適切に交ぜて書き表すことで、読む人は、速く、正確に語のまとまりをとらえ、意味を読み取ることができます。

漢字は、一字一字が意味を表します。このような文字を、表意文字といいます。これに対して、仮名は、意味を表さず、音だけを表します。このような文字を、表音文字といいます。

また、現在の日本語では、アルファベットで表すローマ字も使われています。

仮名やローマ字は、読み方が一つです。しかし、日本語には同じ音の言葉が多くあります。そのため、漢字で書かないと意味が正確に伝わらないことがあります。

いっぽう、漢字には、複数の音訓をもつものがあるため、仮名やローマ字で読み方を示すことがよくあります。

（令和六年度版　光村図書　国語　六　創造「日本の文字文化」による）

(1) 漢字と仮名を適切に交ぜて書き表すことには、どんなよさがありますか。（15）

（　　　　）

(2) 表意文字、表音文字の意味はそれぞれ㋐、㋑のどちらですか。□に記号を書きましょう。また、[　]の文字はそれぞれ表意文字、表音文字のどちらにあてはまりますか。（　）にすべて書きましょう。（5×4）

・表意文字 □ （　　　　）

・表音文字 □ （　　　　）

㋐ 意味を表さず、音だけを表す文字

㋑ 一字一字が意味を表す文字

漢字　平仮名
片仮名　ローマ字

2 万葉仮名《まんようがな》について、教科書「日本の文字文化」を読んで、答えましょう。

(1) 万葉仮名とは、どんな使い方の漢字ですか。（10）

（　　　　）

(2) 次の万葉仮名の読みをひらがなで書きましょう。（5×3）

① 波留（　　　）

② 布由（　　　）

③ 宇美（　　　）

3 平仮名、片仮名について、教科書「日本の文字文化」を読んで、答えましょう。

(1) 次のように書くことから生まれたのは、平仮名、片仮名のどちらですか。（　）に書きましょう。（10×2）

・（　　　）…万葉仮名の形の一部を取って書くこと。

・（　　　）…万葉仮名をくずして書くこと。

(2) 次の漢字からできた平仮名を□に書きましょう。（5×2）

① 安—□　② 以—□

(3) 次の漢字からできた片仮名を□に書きましょう。（5×2）

① 奈—□　② 保—□

仮《か》名《な》づかい

● 教科書の「仮名づかい」を読んで、答えましょう。

名前

1 次の漢字の読みについて、正しい仮名づかいをしている方の（　）に○をつけましょう。（5×6）

① 地面　（　）ちめん　（　）じめん

② 鼻血　（　）はなじ　（　）はなぢ

③ 続く　（　）つづく　（　）つずく

④ 縮む　（　）ちじむ　（　）ちぢむ

⑤ 手作り　（　）てづくり　（　）てずくり

⑥ 人付き合い　（　）ひとずきあい　（　）ひとづきあい

2 仮名づかいに気をつけて、次の漢字の読みがなを書きましょう。（5×14）

(1) 家路（　　）

(2) 地図（　　）

(3) 身近（　　）

(4) 湖（　　）

(5) 底力（　　）

(6) 三日月（　　）

(7) 間近（　　）

(8) お小遣い（　　）

(9) 火事（　　）

(10) 頭痛（　　）

(11) 勉強机（　　）

(12) 自転（　　）

(13) 合図（　　）

(14) 手続き（　　）

考えることとなやむこと

あなたはどうだろう。自分の夢や生き方、友達との関係や勉強のことなどについて、考えているだろうか。[あ]、なやんでいるだろうか。

　㋐この二つを区別する㋑いちばん簡単な方法は、箇《か》条書きにしてみることだ。[い]、あなたが来週、大勢の前で何かの発表をするとする。なやんでいると、「うまくいくかな。」「失敗したくないな。」「どきどきする。」という思いしか生まれてこない。[う]、考えていると、

「一　どんな話し方をしたら聞き取りやすいか。」

「二　いちばん伝えたいことは何か。」

と書き出すことができる。㋒そうすると、あなたがやるべきことがはっきりしてくるのだ。

　あなたが今、何かに迷っていたり困っていたりするのなら、何が問題なのかを、箇条書きにしてみよう。㋓それが、「考えることとなやむことを区別する」ということだ。そうすれば、問題を解決するためにやるべきことが、はっきりと見えてくる。

（令和六年度版　光村図書　国語　六　創造　鴻上　尚史）

名前

1 あ〜うにあてはまるつなぎ言葉を[　]から選んで書きましょう。（5×3）

あ（　　）　い（　　）　う（　　）

[それとも　でも　例えば]

2 ㋐この二つとは、何のことですか。二つ書きましょう。（10×2）

（　　）（　　）

3 ㋑いちばん簡単な方法とは、どうすることですか。（15）

（　　）

4 大勢の前で何かの発表をするときの箇条書きの例が二つ書かれています。文中から抜き出しましょう。（10×2）

（　　）（　　）

5 ㋒そうすると、あなたがやるべきことがはっきりしてくるのだ。と同じ内容を表す一文を、文中から抜き出しましょう。（15）

（　　）

6 ㋓それとは、何を指していますか。（15）

（　　）

考えることを考え続ける

　人のような見かけをもち、人と話をする、㋐人間らしいロボットの研究に取り組む現在では、五年生からの疑問であった「気持ち」や「考える」が、研究テーマそのものになっている。人間らしいロボットを作るためには、人間みたいに感じたり、考えたりできるよう、ロボットをプログラムしなければならない。㋑そのためには、人の「気持ち」とは何か、人が「考える」とは、何をどうすることなのかを、深く理解する必要がある。

　これが、非常に難しい。これまでにも、多くの研究者が、「考える」ロボットの研究に取り組んできた。［あ］、いまだ人間の「考える」には、ほど遠い。「考える」にも、㋒簡単なものから㋓難しいものがある。計算式をもとに正しく計算したり、多くのデータをもとに対応策を出したりすることは、何をどうするのかをプログラムできるから、ロボットにもできる。しかし、新しいアイデアを出すとか、よく分からないものの仕組みを理解するとか、そういったことは、どのようにプログラムすればよいかが分かっていない。［い］、ロボットにはできない。人間がプログラムできないので、ロボットは、人間のように「考える」ことができないのである。

（令和六年度版　光村図書　国語　六　創造　石黒　浩）

名前

1　あ、いにあてはまるつなぎ言葉を［　］から選んで書きましょう。（5×2）

［だから　だが］

あ（　　　）　い（　　　）

2　㋐人間らしいロボットの研究とありますが、筆者はどんなロボットの研究に取り組んでいますか。二つ書きましょう。（10×2）

（　　　）ロボット

（　　　）ロボット

3　㋑そのためについて、答えましょう。（15×2）

(1)　㋑そのためとは、何のためですか。

（　　　）

(2)　㋑そのために、何をする必要がありますか。

（　　　）

4　「考える」ことのうち、㋒簡単なもの、㋓難しいものを、それぞれ文中の言葉で書きましょう。（15×2）

・簡単なもの

（　　　）

・難しいもの

（　　　）

5　ロボットは、人間のように何をすることができないのですか。文中から三文字で抜き出しましょう。（10）

［　］［　］［　］こと

考える人の行動が世界を変える

哲《てつ》学者パスカルは、「人間は考える葦《あし》である。」と述べた。

～（中略）～

人間は、いつの時代も、社会の大きな流れにほんろうされる存在かもしれない。しかし、一見、どうすることもできないような、その時々の世界の流れの中で、何かがおかしいと感じ、どうすればよいかを考え、行動した人たちがいた。

戦争のほりょやぎせい者を救う国際赤十字を創立したデュナンや、敵・味方を問わず、負傷した兵士を看護したナイチンゲール。そして、あのクロアチア系男性だって、そうだ。㋐かれらは、それまで当然とされていたことに疑問をもち、何が正しいのか、どのような社会にしたいのかを考えた。かれらのような人々の行動が、世界を変えてきたのだ。

これからの世界では、AI《エーアイ》に判断を任せればよいという人がいるが、㋑私はちがうと思う。AIは、過去の多くのデータから効率的な結論を導くだけである。㋒よりよい世界を築くには、弱い立場の人に心を寄せること、そして、人間が、何が大切なのか、何が正しいのか、どういう未来にしたいのかを考え、行動することが重要なのだ。私たち一人一人が、そんな「考える葦」になれば、どんな課題も解決することができるだろう。

（令和六年度版　光村図書　国語　六　創造　中満　泉）

名前

1 哲学者パスカルは、何と述べましたか。文中から抜き出しましょう。（10）

（　　　　）

2 人間は、どんな存在かもしれないと書かれていますか。（10）

（　　　　）

3 一見、どうすることもできないような、その時々の世界の流れの中で、どんな人たちがいましたか。（　）にあてはまる言葉を書きましょう。（5×3）

（　　　　）感じ、

（　　　　）考え、

（　　　　）人たち。

4 ㋐かれらについて、答えましょう。（5×3）

(1) だれを指していますか。

（　　　　）

（　　　　）

（　　　　）

(2) どんなことを考えましたか。（10）

（　　　　）

5 ㋑私はちがうと思うとありますが、筆者は何についてちがうと思うといっているのですか。（10）

（　　　　）

6 ㋒よりよい世界を築くには、何が重要だといっていますか。二つ書きましょう。（15×2）

（　　　　）

（　　　　）

季節の言葉4　冬のおとずれ

名前

1 ①〜③の言葉の読みを〔　〕に書きましょう。また、その意味を説明する文章について、㋐〜㋖の（　）にあてはまる言葉を下の□から選んで書きましょう。（①〜③5×3　㋐〜㋖5×7）

① 〔　　〕立冬（十一月七日ごろ）

こよみのうえで、㋐（　　）が始まる日。まだ㋑（　　）の気配は残っているが、しだいに冬に近づいていく。

② 〔　　〕冬至（十二月二十二日ごろ）

一年の中で、㋒（　　）の時間が最も短く、㋓（　　）が最も長い日。㋔（　　）など、特定の物を食べる習わしがある。

③ 〔　　〕大寒（一月二十日ごろ）

一年の中で最も㋕（　　）時期。

「寒《かん》」が明けて㋖（　　）になると、春が近づいてくる。

昼　夜　立春　秋　冬　寒い　かぼちゃ

2 季節を区切る二十四節気《にじゅうしせっき》とその説明です。あてはまるものを——線で結びましょう。（5×3）

① 小雪《しょうせつ》（十一月二十二日ごろ）・

② 大雪《たいせつ》（十二月七日ごろ）・

③ 小寒《しょうかん》（一月五日ごろ）・

・寒気《かんき》が増し、雪も激しくなってくるころ。この日を過ぎると、いっそう冬らしくなる。

・寒さはまだ深まっておらず、雪もそれほど多くはないころ。冬の気配は進んでくる。

・この日から立春になるまでの期間を「寒《かん》」といい、小寒は「寒の入《い》り」ともいわれる。

3 次の短歌、俳句《はいく》について、答えましょう。

㋐ あたらしく冬きたりけり鞭《むち》のごと幹ひびき合ひ《（い）》竹群《たかむら》はあり　宮《みや》柊二《しゅうじ》

㋑ グラタンの熱しと食《た》ぶる冬至かな　阿波野《あわの》青畝《せいほ》

(1) ㋐の短歌を五・七・五・七・七、㋑の俳句を五・七・五のリズムで読めるように、「/」線で区切りましょう。（10）

(2) ㋐の短歌について、作者はどんな様子に冬を感じていますか。（　）にあてはまる言葉を書きましょう。（ひらがなで書いてもよいです。）（15）

冬の風がふき、竹やぶの竹がまるで（　　）のように曲がって、（　　）を打ち鳴らして音をひびき合わせている様子。

(3) ㋑の俳句について、冬の季語を抜き出しましょう。（10）

（　　）

（令和六年度版　光村図書　国語　六　創造「季節の言葉4　冬のおとずれ」による）

大切にしたい言葉

名前

● 次の「大切にしたい言葉」を伝えるための手順、下書きを読んで、答えましょう。

〈手順〉

① 大切にしたい言葉を選び、関連する経験を書き出そう。

・だれかに言ってもらった言葉や、本で知った言葉などの中から、最も（㋐）にしたい言葉を選ぶ。

・その言葉と関連する（㋑）を思い出し、そのときのことをくわしく書き出す。

② 書く分量を確かめ、文章構成を考えよう。

どのくらいの（㋒）で書くかを確かめましょう。その字数で伝えたいことが伝わるように、（㋓）を意識して、簡単な（㋔）を考えましょう。

③ 下書きをし、読み合って推敲しよう。

下書きをしたら、友達と読み合い、（㋕）し合いましょう。

〈下書き〉

「日々の積み重ねが自信を作る」

Ⓐ ㋐この言葉は、二〇二四年十月二十四日のひかり新聞でのインタビュー記事の中で私が読んだ、体操選手の川野あゆみさんの言葉だ。

〜（中略）〜

リハーサルでも本番でも、㋑うまくいかなかった。同じ場面で演じた花村さんは、まるでふだんの花村さん自身――

〜（中略）〜

（令和六年度版　光村図書　国語　六　創造「大切にしたい言葉」による）

1 〈手順〉を読んで、答えましょう。

上の㋐〜㋕にあてはまる言葉を［　］から選んで書きましょう。（5×6）

㋐（　　）　㋑（　　）

㋒（　　）　㋓（　　）

㋔（　　）　㋕（　　）

字数　経験　助言
構成　読む人　大切

2 〈下書き〉を読んで、答えましょう。

(1) ㋐この言葉について、答えましょう。

① どんな言葉ですか。（15）

（　　）

② だれのどんな記事での言葉ですか。（15×2）

・だれ（　　）

・どんな記事（　　）

(2) Ⓐの文は、どのように直すと読みやすくなりますか。正しい方に○をつけましょう。（10）

（　）説明の言葉を付け足す。

（　）二文に分ける。

(3) ㋑うまくいかなかったとありますが、これはどのように直すと分かりやすくなりますか。あなたの考えを書きましょう。（15）

（　　）

今、私は、ぼくは

名前

スピーチ活動の流れ

決めよう集めよう → 準備しよう → 話そう聞こう → つなげよう

① スピーチの話題と（㋐）を決める。

② （㋑）を考えて、スピーチ（㋒）を作る。
③ （㋓）を準備する。

④ 練習をして、（㋔）をする。

⑤ （㋕）を伝え合う。

（平成二十七年度版　光村図書　国語　六　創造「今、私は、ぼくは」による）

● 倉田さんのスピーチ

私が栄養士という仕事に興味をもったきっかけの一つは、テレビ番組で、小島みのりさんという栄養士さんを知ったことです。

みなさんは、昨年のマラソンの世界大会でかつやくした高田陽子選手を覚えていますか。←㋖小島さんは高田選手の専属栄養士で、高田選手を支えたチームの一員として、特集番組でしょうかいされていました。←㋗五年前のけがによって不調となった高田選手は、練習や生活を一から見直します。そのとき、食事の専門家として声がかかったのが、小島さんでした。小島さんは、高田選手の練習メニューから食生活まで、全てを調べ、それをもとに、新たに最適なこんだてを考えたそうです。

小島さんが専属の栄養士になってから、不調だったことがうそのように記録がのび始め、ついに、世界大会でのかつやくに結び付いたのです。

「当たり前のことですが、体はみんな、食べた物からできているのです。」これは、私の印象に強く残っている小島さんの言葉です。私は、この番組を見て、食べることが、体の調子を整えるためにどれほど重要かということを知りました。そして、食事を通してがんばる人を支えられる、栄養士という仕事に興味をもったのです。

（平成二十七年度版　光村図書　国語　六　創造「今、私は、ぼくは」による）

1 上の「スピーチ活動の流れ」について、㋐～㋕にあてはまる言葉を[　]から選んで書きましょう。（5×6）

㋐（　　）　㋑（　　）
㋒（　　）　㋓（　　）
㋔（　　）　㋕（　　）

感想　内容　資料
メモ　スピーチ　構成

2 上の「倉田さんのスピーチ」を読んで、答えましょう。

(1) このスピーチには、倉田さん（私）以外にだれが出てきますか。[　]に名前を書きましょう。また、その人たちはどんな仕事をしていますか。（　）に書きましょう。（10×4）

・[　　]（　　）
・[　　]（　　）

(2) 上のスピーチには、「初め」の部分が書かれていません。「初め」には、どんな内容のスピーチが入りますか。正しいもの二つに○をつけましょう。（10×2）

（　）栄養士という仕事に興味をもったきっかけ
（　）初めのあいさつ・栄養士の仕事紹介
（　）倉田さんの自己しょうかい

(3) スピーチで、少し間を取ると効果的だと考えられるのは、㋖、㋗のどちらのときですか。記号で答えましょう。（10）

[　　]

海の命 ①

弟子になって何年もたったある朝、いつものように同じ瀬に漁に出た太一に向かって、与吉じいさは㋐ふっと声をもらした。㋑そのころには、与吉じいさは船に乗ってこそきたが、作業はほとんど太一がやるようになっていた。

「自分では気づかないだろうが、おまえは村一番の漁師だよ。太一、ここはおまえの海だ。」

船に乗らなくなった与吉じいさの家に、太一は漁から帰ると、毎日魚を届けに行った。真夏のある日、与吉じいさは暑いのに、毛布をのどまでかけてねむっていた。㋒太一は全てをさとった。

「㋓海に帰りましたか。与吉じいさ、㋔心から感謝しております。おかげさまでぼくも海で生きられます。」

悲しみがふき上がってきたが、今の太一は自然な気持ちで、顔の前に両手を合わせることができた。父がそうであったように、与吉じいさも海に帰っていったのだ。

（令和六年度版　光村図書　国語　六　創造　立松　和平）

名前

1　㋐ふっと声をもらしたとありますが、与吉じいさは太一に何と言いましたか。文中から抜き出しましょう。(10)

（　　　　）

2　㋑そのころとは、いつのころですか。(15)

（　　　　）

3　㋒太一は全てをさとったについて、答えましょう。(10×2)

(1)　太一は、与吉じいさのどのような様子から全てをさとったのですか。

（　　　　）

(2)　太一は、何をさとったのですか。

（　　　　）

4　なぜ、太一は「㋓海に帰りましたか。」と言ったのですか。あなたの考えを書きましょう。(15)

（　　　　）

5　㋔心から感謝しておりますとありますが、太一は与吉じいさにどんなことを感謝しているのですか。あなたの考えを書きましょう。(15)

（　　　　）

6　悲しみがふき上がってきた一方で、太一はどんなことができましたか。(15)

（　　　　）

7　海に帰っていったのは、だれとだれですか。（　）にあてはまる言葉を書きましょう。(5×2)

（　　　　）と（　　　　）

海の命 ②

太一が瀬にもぐり続けて、ほぼ一年が過ぎた。父を最後にもぐり漁師がいなくなったので、㋐アワビもサザエもウニもたくさんいた。激しい潮の流れに守られるようにして生きている、二十キロぐらいのクエも見かけた。だが、太一は㋑興味をもてなかった。

追い求めているうちに、不意に夢は実現するものだ。

太一は海草のゆれる穴のおくに、㋒青い宝石の目を見た。

㋓海底の砂にもりをさして場所を見失わないようにしてから、太一は銀色にゆれる水面にうかんでいった。息を吸ってもどると、同じ所に同じ青い目がある。ひとみは黒いしんじゅのようだった。刃《は》物のような歯が並んだ灰色のくちびるは、ふくらんでいて大きい。魚がえらを動かすたび、水が動くのが分かった。岩そのものが魚のようだった。全体は見えないのだが、百五十キロはゆうにこえているだろう。

（令和六年度版　光村図書　国語　六　創造　立松　和平）

名前

1 ㋐アワビもサザエもウニもたくさんいたのは、なぜですか。（15）

（　　　）

2 太一は、何に㋑興味をもてなかったのですか。（15）

（　　　）

3 ㋓海底の砂にもりをさしてとありますが、太一はなぜもりをさしたのですか。（15）

（　　　）

4 太一が息を吸ってもどってきても、青い目の生物が動いていない様子が分かる部分を抜き出しましょう。（15）

（　　　）

5 魚の姿は、どのように表現されていますか。（　）にあてはまる言葉を書きましょう。（5×3）

・ひとみ（　　　）

・歯（　　　）

・くちびる（　　　）

6 百五十キロはゆうにこえているだろう魚の大きさを、何にたとえて表現していますか。文中から五文字で抜き出しましょう。（10）

□□□□□

海の命 ③

名前

（あ）興奮していながら、太一は冷静だった。これが自分の追い求めてきたまぼろしの魚、村一番のもぐり漁師だった父を破った瀬の主なのかもしれない。太一は鼻づらに向かってもりをつき出すのだが、クエは動こうとはしない。㋐そうしたままで時間が過ぎた。太一は永遠にここにいられるような気さえした。しかし、息が苦しくなって、またうかんでいく。

もう一度もどってきても、瀬の主は全く動こうとはせずに太一を見ていた。おだやかな目だった。この大魚《たいぎょ》は㋑自分に殺されたがっているのだと、太一は思ったほどだった。これまで数限りなく魚を殺してきたのだが、こんな感情になったのは初めてだ。この魚をとらなければ、本当の一人前の漁師にはなれないのだと、㋒太一は泣きそうになりながら思う。

水の中で太一はふっとほほえみ、口から銀のあぶくを出した。もりの刃先を足の方にどけ、クエに向かってもう一度えがおを作った。

「おとう、ここにおられたのですか。また会いに来ますから。」

こう思うことによって、太一は㋓瀬の主を殺さないで済んだのだ。大魚はこの海の命だと思えた。

（令和六年度版　光村図書　国語　六　創造　立松　和平）

1 （あ）の部分を読んで、クエと向かい合っている太一の気持ちを表している熟語を、文中から二つ抜き出しましょう。（10×2）

2 上の文章で、このクエは別の言い方で表現されています。何と表現されていますか。三つ書きましょう。（10×3）

3 ㋐そうしたままでとありますが、これは太一とクエのどんな様子のことですか。（10）

4 ㋑自分に殺されたがっているのだとありますが、太一はなぜこのように思ったのですか。（10）

5 ㋒太一は泣きそうになりながら思うとありますが、なぜ太一は泣きそうになったのですか。あなたの考えを書きましょう。（10）

6 太一はどうすることによって、㋓瀬の主を殺さないで済んだのですか。（10）

7 太一は、大魚のことを何だと思いましたか。文中から三文字で抜き出しましょう。（10）

この

生きる

名前

生きる

谷川《たにかわ》　俊太郎《しゅんたろう》

生きているということ
いま生きているということ
㋐それはのどがかわくということ
木もれ陽《び》がまぶしいということ
ふっと或《あ》るメロディを思い出すということ
くしゃみすること
あなたと手をつなぐこと

生きているということ
いま生きているということ
それはミニスカート
それはプラネタリウム
それはヨハン・シュトラウス
それはピカソ
それはアルプス
㋑すべての美しいものに出会うということ
そして
かくされた悪を注意深くこばむこと

生きているということ
いま生きているということ
泣けるということ
笑えるということ
怒《おこ》れるということ
自由ということ

生きているということ
いま生きているということ
いま遠くで犬がほえるということ
いま地球がまわっているということ
いまどこかで㋒産声《うぶごえ》があがるということ
いまどこかで兵士が傷つくということ
いまぶらんこがゆれているということ
いまいまが過ぎてゆくこと

生きているということ
いま生きているということ
鳥ははばたくということ
海はとどろくということ
かたつむりははうということ
人は愛するということ
あなたの㋓手のぬくみ
いのちということ

（令和六年度版　光村図書　国語　六　創造　谷川　俊太郎）

1 すべての連でくり返されている表現を二行で抜き出しましょう。（10）

（　　　　）

2 第一連の㋐それは、何を指していますか。（10）

（　　　　）

3 第二連で㋑すべての美しいものとありますが、どんな美しいものが挙げられていますか。五つ書きましょう。（5×5）

（　　）（　　）（　　）（　　）（　　）

4 第四連で㋒産声があがるとありますが、どんな出来事を指しているのだと思いますか。（10）

（　　　　）

5 第四連の㋒産声があがることと、対比（反対）させて書かれている一行を抜き出しましょう。（10）

（　　　　）

6 第五連の㋓手のぬくみとは、どんな意味ですか。（10）

（　　　　）

7 この詩のそれぞれの連で表現されていることを□の中から選んで記号を書きましょう。（5×5）

第一連（　）　第二連（　）　第三連（　）
第四連（　）　第五連（　）

㋐ 自然や生き物のいとなみ
㋑ さまざまな感情を自由に表現すること
㋒ 世界のどこかで「いま」起きている出来事
㋓ 日々の生活の中で感じることやしていること
㋔ さまざまな美しいものとの出会い

人間は他の生物と何がちがうのか ①

名前

㋐ひるがえって、私たち人間はどうでしょうか。人間には、ツチハンミョウとも、そして他のいかなる生物ともちがう㋑特性があります。それは、種の保存よりも、個体の命を最重要に考えていることです。生まれてきた一人一人の命に、㋒最も尊い価値を置いています。自分の命が大切であるのと同時に、他の人の命も大切にします。年齢《れい》や人種、障害の有《う》無、性的な指向などにかかわらず、㋓だれもが平等に大切な存在です。みなさんは、基本的人権という言葉を知っていますか。私たちが生まれながらにしてもっている権利で、人間はみな平等であり、自由であることを認《にん》識し合ったものです。これからみなさんが自由に将来を選ぶことができるのも、この認識のおかげです。どんな職業について、どんなふうに生きてもよいのです。

では、なぜ、人間だけが、このような考え方に達することができたと思いますか。それは、進化の過程で、人間だけが㋔すばらしいものを発明することができたからです。その発明とは、言葉です。人間は脳を発達させ、言葉を生み出しました。言葉は、コミュニケーションの道具であるとともに、世界を知るための道具です。

（令和六年度版　光村図書　国語　六　創造　福岡　伸一）

1 ㋐ひるがえってとありますが、「ひるがえる」とはどんな意味ですか。正しい方に○をつけましょう。（10）

（　）考えや態度が、変わらないこと。

（　）考えや態度が、急に反対になること。

2 他のいかなる生物ともちがう人間の㋑特性とは、どんなことですか。（15）

（　　　　）

3 人間は、何に㋒最も尊い価値を置いていますか。（15）

（　　　　）

4 ㋓だれもとは、どんな人のことを指していますか。（15）

（　　　　）などにかかわらない、すべての人々。

5 基本的人権とは、どんな権利ですか。文中から二十文字で抜き出しましょう。（15）

6 ㋔すばらしいものとは、何ですか。（10）

（　　　　）

7 言葉は、どんな道具であると書かれていますか。文中から二つ抜き出しましょう。（10×2）

（　　　　）

（　　　　）

人間は他の生物と何がちがうのか ②

名前

Ⓐ

言葉があることで、物事に名前をつけたり、その仕組みを解明したり、説明したりすることができます。例えば、生物には「種」と「個体」があり、自然界には㋐「種の保存」というものがあることを、人間は、言葉で明らかにしました。そして、私たち人間は、種の保存より大切なことがないかを言葉を使って考え、一人一人の命を大切にしたほうが、みんなが幸せになるということに気づき、㋑その考えを言葉で共有してきました。言葉で世界を知り、言葉で世界を作ってきたのです。それゆえにこそ、私たちは言葉を大切にしなければならないのです。

Ⓑ

いっぽうで、言葉の力だけで㋒あらゆることを制御《ぎょ》することはできません。私たちがいつ、どこで生まれるのかを言葉で決めることはできません。気象や自然災害も、言葉で説明することはできても、コントロールすることはできません。言葉があるからといって、何もかも人間の思いどおりにできるわけではありません。時に、自然現象に対してけんきょであることも大切です。

Ⓒ

人間と他の生物とのちがいの根源には、[あ]があります。だからこそ、みなさんは、[あ]の力をみがかなければなりません。これが、学ぶということです。そして、けんきょさをもちつつ、[あ]で世界を解き明かしていってほしいと思います。

(令和六年度版　光村図書　国語　六　創造　福岡　伸一)

1 ㋐「種の保存」とは、どんな意味ですか。正しい方に○をつけましょう。(15)

(　) 生物の種が自然界に残っていくこと。

(　) 生物の種が自然界で進化していくこと。

2 ㋑その考えとは、どんな考えですか。(15)

(　　　　　　　　)

3 ㋒あらゆることを制御することはできませんについて、答えましょう。

(1) 「制御する」とは、どんな意味ですか。正しい方に○をつけましょう。(15)

(　) 他人の言うとおりに従うこと。

(　) 自分の思いどおりにコントロールすること。

(2) 言葉で制御できない例として、どんなことがありますか。二つ書きましょう。(15×2)

(　　　　　　　　)

(　　　　　　　　)

4 [あ]には、同じ言葉が入ります。どんな言葉が入りますか。漢字二文字で答えましょう。(10)

5 Ⓐ、Ⓑ、Ⓒの内容を表しているものを、それぞれ——線で結びましょう。(5×3)

Ⓐ・　　・みなさん（子どもたち）へのエールと願い

Ⓑ・　　・言葉の力で制御できない例

Ⓒ・　　・言葉で明らかにしてきたこと

詩から表現の工夫を学ぶ①
比喩《ゆ》・擬《ぎ》声語（擬音語）・擬態語

● 詩の表現技法として、比喩、擬声語（擬音語）、擬態語があります。

名前

1 「比喩」について、答えましょう。

(1) 次の①〜③は、比喩の種類です。説明にあてはまるものを、それぞれ――線で結びましょう。（5×3）

① 直喩　・　　・人間でないものを人間であるかのように表す。

② 隠《いん》喩　・　　・「――ようだ」「――みたいだ」などの言葉を使わずにたとえる。

③ 擬人法　・　　・「――ようだ」「――みたいだ」などの言葉を使ってたとえる。

(2) 次のⒶ、Ⓑ、Ⓒの詩で使われている比喩表現は、㋐直喩、㋑隠喩、㋒擬人法のうちどれですか。それぞれ正しいものを一つずつ書きましょう。（10×3）

Ⓐ
夕日がせなかをおしてくる
まっかなうででおしてくる
阪田《さかた》　寛夫《ひろお》「夕日がせなかをおしてくる」の一部

（令和六年度版　光村図書　国語　三上　わかば　阪田　寛夫）

Ⓑ
なみだは
にんげんのつくることのできる
一ばん小さな
海です
寺山《てらやま》　修司《しゅうじ》「一ばんみじかい抒《じょ》情詩」

（令和六年度版　光村図書　国語　五　銀河　寺山　修司）

Ⓒ
蟻《あり》が
蝶《ちょう》の羽をひいて行く
ああ
ヨットのやう《（よう）》だ
三好《みよし》　達治《たつじ》「土」

（令和六年度版　光村図書　国語　五　銀河　三好　達治）

Ⓐ（　　）　Ⓑ（　　）　Ⓒ（　　）

2 「擬声語（擬音語）」と「擬態語」について、答えましょう。

(1) 次の（　）にあてはまる言葉を□から選んで書きましょう。（5×5）

・擬声語（　　　）
動物などの（　　　）や自然の（　　　）、物音などを、その音に似せて表した言葉。

・擬態語
生物や事物の動きや（　　　）の感じを、それらしい音のように表した言葉。

これらをまとめて、（　　　）ともいう。

オノマトペ　声　擬音語　様子　音

(2) 次のⒶ、Ⓑ、Ⓒの詩で使われている――線のオノマトペは、㋐擬声語（擬音語）、㋑擬態語のどちらですか。それぞれ正しいものを書きましょう。（10×3）

Ⓐ
ケルルン　クック。
ああいいにおいだ。
草野《くさの》　心平《しんぺい》「春のうた」の一部

（令和六年度版　光村図書　国語　四上　かがやき　草野　心平）

Ⓑ
やねで　とんとん　やねのうた
つちで　ぴちぴち　つちのうた
鶴見《つるみ》　正夫《まさお》「雨のうた」の一部

（令和六年度版　光村図書　国語　二上　たんぽぽ　鶴見　正夫）

Ⓒ
さわってみようかなあ　つるつる
おしてみようかなあ　ゆらゆら
谷川《たにかわ》　俊太郎《しゅんたろう》「どきん」の一部

（令和六年度版　光村図書　国語　三上　わかば　谷川　俊太郎）

Ⓐ（　　）　Ⓑ（　　）　Ⓒ（　　）

（令和六年度版　光村図書　国語　六　創造　「詩から表現の工夫を学ぶ」による）

詩から表現の工夫を学ぶ②
反復・倒置《とう》

名前

● 詩の表現技法として、反復、倒置があります。

1 「反復」について、答えましょう。

(1) 次の（　）にあてはまる言葉を［　］から選んで書きましょう。(5×3)

反復…（　　　）、もしくは似た言葉や文を、（　　　）させたり、別の（　　　）でくり返したりする方法。

［同じ　連　連続］

(2) 次の詩で反復表現が使われている部分はどこですか。（　）にその部分を書きましょう。(15)

つきに　いかないか
ぼくと　いっしょに
つきに　いかないか
おだんご　もって

つきに　いかないか
はらが　たつとき
つきに　いかないか
ちきゅうを　ながめに

谷川《たにかわ》　俊太郎《しゅんたろう》「つき」

（令和二年度版　光村図書　国語　四下　はばたき　谷川　俊太郎）

（　　　　　　　　　　）

2 「倒置」について、答えましょう。

(1) 次の文のうち、倒置について説明しているものはどちらですか。正しい方に○をつけましょう。(10)

（　）ふつうの言い方と、言葉の順序を同じにする方法。
（　）ふつうの言い方と、言葉の順序を入れかえる方法。

(2) 次の詩の——線部分の二行は、倒置表現が使われています。——線部分の二行をふつうの言い方に書き直しましょう。(15)

だがキミ！　夏休みよ
もう一度　もどってこないかな
忘《わす》れものをとりにさ

高田《たかだ》　敏子《としこ》「忘れもの」の一部

（令和六年度版　光村図書　国語　四上　かがやき　高田　敏子）

（　　　　　　　　　　）

(3) 次の文章は、倒置表現が使われています。ふつうの言い方に書き直しましょう。(15×3)

① 水族館へ行きました。イルカのショーを見に。

（　　　　　　　　　　）

② とても上手ですね。ダンスが。

（　　　　　　　　　　）

③ わたしは、大学へ行きたいです。法律を学ぶために。

（　　　　　　　　　　）

（令和六年度版　光村図書　国語　六　創造　「詩から表現の工夫を学ぶ」による）

平和のとりでを築く ①

名前

　一九四五年（昭和二十年）八月六日午前八時十五分、よく晴れた夏空が広がる朝、広島《ひろしま》市に原子爆弾《ばくだん》が投下された。それは、この建物にほど近い、約六百メートルの上空で爆発した。強烈《れつ》な熱線と爆風が、放射《しゃ》線とともに市街をおそった。市民の多くは一瞬《しゅん》のうちに生命をうばわれ、川は死者でうまるほどだった。ようやく生き残った人々も傷つき、㋐その多くは死んでいった。

　爆心地に近かったこの建物は、たちまち炎《えん》上し、中にいた人々は全員なくなったという。建物は、ほぼ真上からの爆風を受けたため、全焼《しょう》はしたものの、れんがと鉄骨の一部は残った。丸屋根の部分は、支柱の鉄骨がドームの形となり、この傷だらけの建物の最大の特徴《ちょう》を、後《のち》の時代にとどめることとなった。

　原爆ドームを保存するか、それとも取りこわしてしまうか、戦後まもないころの広島では㋑議論《ろん》が続いた。保存反対論の中には、「原爆ドームを見ていると、原爆がもたらしたむごたらしいありさまを思い出すので、一刻《こく》も早く取りこわしてほしい。」という意見もあった。

　市民の意見が原爆ドーム保存へと固まったのは、一九六〇年（昭和三十五年）の春、急性白血病でなくなった一少女の日記がきっかけであった。赤ちゃんだったころに原爆の放射線を浴びたその少女は、十数年たって、突《とつ》然、被《ひ》爆が原因とみられる病にたおれたのだった。残された日記には、あの痛《いた》々しい産業奨励《しょうれい》館だけが、いつまでも、おそるべき原爆のことを世にうったえかけてくれるだろう――、と書かれていた。㋒この日記に後おしされて、市民も役所も「原爆ドーム永久保存」に立ち上がったのである。

（令和六年度版　光村図書　国語　六　創造　大牟田　稔）

1 広島市に原子爆弾が投下されたのは、いつですか。（10）

（　　　）

2 何が広島の街をおそったのですか。（10）

（　　　）

3 ㋐その多くの「その」は、何を指していますか。（15）

（　　　）

4 戦後まもないころの広島で続いた㋑議論とはどんなものでしたか。（15）

（　　　）

5 保存反対論の中には、なぜ「原爆ドームを一刻も早く取りこわしてほしい」という意見があったのですか。（15）

（　　　）

6 市民の意見が原爆ドーム保存へと固まったのは、何がきっかけでしたか。（15）

（　　　）

7 ㋒この日記について、答えましょう。（10×2）

(1) この日記には、何と書かれていましたか。

（　　　）

(2) この日記に後おしされて、どんなことが起きましたか。

（　　　）

平和のとりでを築く②

名前

原爆《ばく》ドームが、世界遺《い》産の候補として審《しん》査を受けることになったとき、(ア)私《わたし》は、ちょっぴり不安を覚えた。それは、原爆ドームが、戦争の被害を強調する遺跡であること、そして、規模《ぼ》が小さいうえ、歴史も浅い遺跡であることから、はたして世界の国々によって認《みと》められるだろうかと思ったからであった。しかし、心配は無用だった。(イ)決定の知らせが届いたとき、私は、世界の人々の、平和を求める気持ちの強さを改めて感じたのだった。

痛ましい姿《すがた》の原爆ドームは、原子爆弾が人間や都市にどんな(ウ)惨《さん》害をもたらすかを私たちに無言で告げている。未来の世界で核《かく》兵器を二度と使ってはいけない、いや、核兵器はむしろ不必要だと、世界の人々に警《けい》告する記念碑《ひ》なのである。

国連のユネスコ憲《けん》章には、「戦争は人の心の中で生まれるものであるから、人の心の中に平和のとりでを築かなければならない。」と記されている。原爆ドームは、それを見る人の心に平和のとりでを築くための世界の遺産なのだ。

（令和六年度版　光村図書　国語　五　銀河　大牟田　稔）

1 (ア)私は、ちょっぴり不安を覚えたとありますが、なぜ筆者は原爆ドームが世界の国々によって認められるか不安に思ったのですか。二つ書きましょう。（15×2）

（　　　　）

（　　　　）

2 (イ)決定の知らせについて、答えましょう。（5×2）

(1) 何が決定したのですか。

[　　　　] が [　　　　] に決定した。

(2) この知らせが届いたとき、筆者は何を感じましたか。（15）

（　　　　）

3 「(ウ)惨害」とは、どんな意味ですか。正しいものに○をつけましょう。（15）

（　）ひどい未来。

（　）ひどい損害。

（　）少しの損害。

4 原爆ドームは、どんなことを世界の人々に警告する記念碑ですか。（15）

（　　　　）

5 国連のユネスコ憲章に記されているように、原爆ドームは何のための世界の遺産なのですか。（15）

（　　　　）

言葉の交流

1 外来語について、答えましょう。

(1) 次の文章は、外来語について説明したものです。（　）にあてはまる言葉を□から選んで書きましょう。（5×6）

日本語にはない物や考え方が外国から入ってきたとき、元の外国語の（　　）に近い言葉にして取り入れる方法があります。外来語とよばれ、ふつうは（　　）で書きます。

外来語として入ってきた初めの言語が（　　）で、十六世紀から十七世紀に伝わってきました。鎖《さ》国していた（　　）も、交易のあった（　　）からは、医学や化学などに関連する言葉が入ってきました。そして、幕《ばく》末・明治以降《こう》は、各国から次々と新しい言葉が入ってきます。特に（　　）が多く、イギリスやアメリカからのえいきょうが大きかったことが分かります。

オランダ	英語	ポルトガル語
発音	江戸《えど》時代	片仮名《かたかな》

(2) 次の表は、外来語のもととなったさまざまな言語についてまとめたものです。それぞれ合うものを――線で結びましょう。（5×6）

① ポルトガル語 ・　　・ペンキ、レンズ、インキ、ゴム
② オランダ語 ・　　・ズボン、アトリエ、オムレツ
③ イタリア語 ・　　・ガーゼ、カルテ、ゲレンデ
④ 英語 ・　　・オペラ、ソプラノ、パスタ、ピザ
⑤ ドイツ語 ・　　・カステラ、パン、オルガン、カルタ
⑥ フランス語 ・　　・メモ、カメラ、スポーツ

名前

2 訳《やく》語について、答えましょう。

(1) 次の文は、訳語について説明したものです。（　）にあてはまる言葉を□から選んで書きましょう。（5×4）

日本語にはない物や（　　）が（　　）から入ってきたとき、漢字のもつ（　　）を利用し、訳語を作って取り入れる方法があります。特に、明治の初めごろには、次々と入ってくる新しい考え方や（　　）に対して、多くの訳語が作られ、定着していきました。

外国	仕組み	考え方	意味

(2) 次のうち、訳語でないものを一つ選んで、（　）に書きましょう。（5）

科学	国際	津《つ》波
時間	哲《てつ》学	野球

（　　）

3 次のうち、世界各地で取り入れられている日本語はどれですか。三つ書きましょう。（5×3）

卵	すし	トマト	とうふ	牛乳
りんご		きのこ	朝食	弁当

（　　）（　　）（　　）

言葉の宝箱《たから》 ①

名前

1 次の言葉と反対の意味を表す言葉になるように、[　]から漢字を選んで、[　]に書きましょう。（5×6）

(1) 積極的 ↕ [　　]的

(2) 論《ろん》理的 ↕ [　　]的

(3) 楽観的 ↕ [　　]的

(4) 現実的 ↕ [　　]的

(5) 直接的 ↕ [　　]的

(6) 抽《ちゅう》象的 ↕ [　　]的

具体	感情	理想
間接	消極	悲観

2 次の「人物や事物を表す言葉」のうち、他とはちがう意味を表す言葉が一つあります。それぞれ○をつけましょう。（5×3）

(1)
（　）快活
（　）竹を割《わ》ったよう
（　）誠《せい》実
（　）ハキハキした

(2)
（　）せんさい
（　）もろい
（　）敏《びん》感
（　）味わいがある

(3)
（　）楽天的
（　）感情的
（　）楽観的
（　）前向き

3 次の（　）にあてはまる言葉を[　]から選んで書きましょう。（5×7）

(1) この国語の問題は、（　　　）に答えるべきだ。

(2) ケーキに生クリームは必要（　　　）だ。

(3) 田中さんは（　　　）なので、ささいなことでは落ちこまない。

(4) グレーは、白でも黒でもない（　　　）な色だ。

(5) 目標に向かって、（　　　）に努力する。

(6) ガラス細工は、こわれやすく（　　　）な造りとなっている。

(7) AチームがBチームより強いのは、（　　　）だ。

ひたむき	せんさい	不可欠	
楽天的	一目りょうぜん	簡潔	あいまい

4 次の言葉は、「人物」、「心情」のどちらを表す言葉ですか。人物を表す言葉には㋐、心情を表す言葉には㋑と書きましょう。（5×4）

① かんめいを受ける（　）

② 積極的（　）

③ 率《そっ》直（　）

④ 動揺《よう》する（　）

言葉の宝箱《たから》 ②

1 次の「心情を表す言葉」の中で、意味の似ているものどうしを――線で結びましょう。（5×6）

(1) 好感をもつ ・　　・ かんめいを受ける
(2) 我《われ》を忘《わす》れる ・　　・ したう
(3) 心にひびく ・　　・ 忘れがたい
(4) 気にさわる ・　　・ 肩《かた》の荷が降りる
(5) なごりおしい ・　　・ 不快な気持ちになる
(6) 気が楽になる ・　　・ 没《ぼっ》頭する

2 次の「心情を表す言葉」の中で、反対の意味になるものを――線で結びましょう。（6×5）

(1) 幸福 ・　　・ 希望
(2) 失望 ・　　・ 不幸
(3) 痛《つう》快 ・　　・ 閉塞《そく》感
(4) 解放感 ・　　・ 不満
(5) 満足 ・　　・ 不快

名前

3 次の（　）にあてはまる言葉を□から選んで書きましょう。

(1)（5×4）

① 中山さんは、勉強もスポーツも得意なので、クラスのみなが（　　　）存在だ。
② 転校する日、友だちが駅までお見送りに来てくれて、（　　　）。
③ 今年の夏は、海に行けなかったのが（　　　）。
④ ゲームに夢中になってしまい、（　　　）。

我を忘れる　一目置く
心残りである　胸《むね》がいっぱいになる

(2)（5×4）

① 運動会の実行委員を任され、（　　　）。
② 仲良さそうな老夫婦を見て、（　　　）気持ちになる。
③ すてきな映画を見て、映画館を出た後も（　　　）。
④ 朝食にご飯を食べるか、パンを食べるか（　　　）。

ほのぼのした　なやましい
よいんが残る　荷が重い

漢字書き
漢字の広場（1）（2）

名前

① 満開の□《さくら》

② □《たがや》す

③ □□《ひりょう》

④ 日本の□□《れきし》

⑤ □□《かいちく》

⑥ □□《ぼうさい》訓練

⑦ 火が□《も》える

⑧ □□《けんしょう》実験

⑨ 交通□□《じこ》

⑩ □□《げんいん》と結果

⑪ □□《おうふく》

⑫ □《かこ》む

⑬ □□□□《すいしつちょうさ》

⑭ □□《けんざかい》

⑮ □□《だんち》の住人

⑯ アパートに□□《にゅうきょ》する

⑰ □□《さんみゃく》

⑱ □□《ぶつぞう》

⑲ 捨て犬を□□《ほご》する

⑳ □□《くかい》を開く

㉑ □□《ふっきゅう》作業

㉒ 新ろう□□《しんぷ》

㉓ □□□《ていしゃじょう》

㉔ 大海原を□□《こうかい》する

㉕ □□□《ぶんかざい》

㉖ 立ち入り□□《きんし》

㉗ 船が□□《きこう》する

㉘ 川の□□《かこう》

㉙ □□《かめん》をつける

㉚ □《ささ》える

㉛ □□《きょか》をとる

㉜ □□《こんざつ》する

㉝ □□《きそく》を守る

㉞ □□□《にがおえ》

㉟ □□《おおぜい》の人

㊱ □《ことわ》る

㊲ □□《かのう》性を信じる

㊳ □《あま》る

㊴ □《くら》べる

㊵ □□《どうぞう》を建てる

㊶ □□《じゅんじょ》

㊷ 三つの□□《じょうけん》

㊸ □□《ようき》に入れる

㊹ □《か》し□《だ》し

㊺ □《ふ》やす

㊻ □《へ》らす

㊼ □《たし》かめる

㊽ □□《さんみ》が強い

㊾ □□《りゃくず》を書く

㊿ 心に□《とど》める

／50

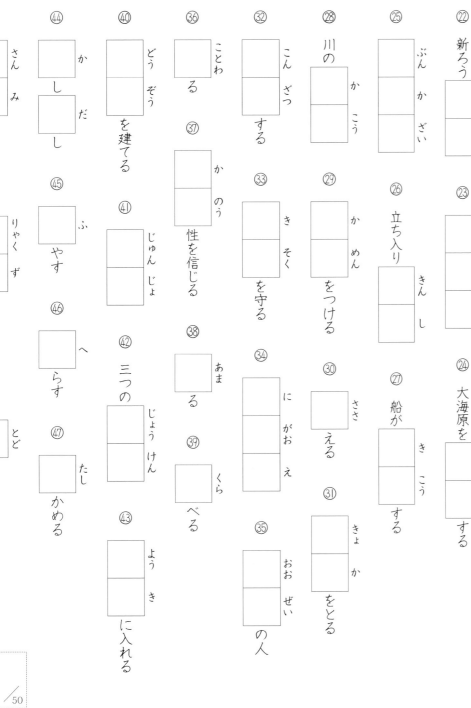

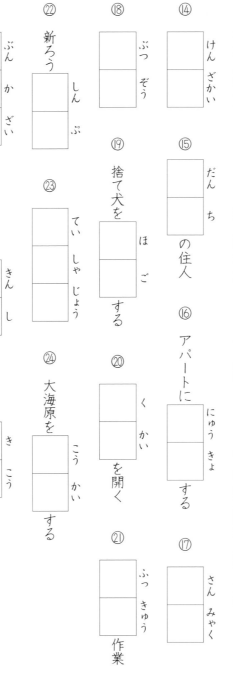

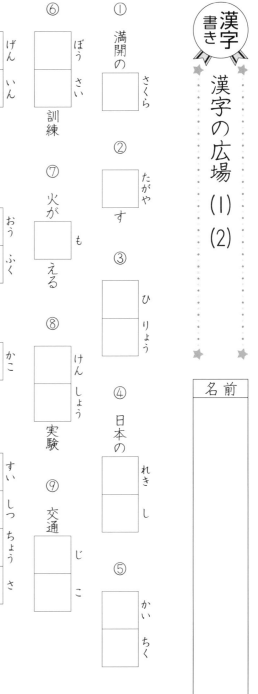

漢字書き

漢字の広場(3)(4)

名前

① □□□《しょうたいじょう》
② 犬を□《か》う
③ お化けが□《あらわ》れる
④ □《まよ》う
⑤ 船で□□《いどう》する
⑥ □□《かいてき》な部屋
⑦ □□□《ぼうふうう》
⑧ □《ひと》り言
⑨ □《けわ》しい道
⑩ □□□《さっぷうけい》
⑪ □□《げんかい》に達する
⑫ □□《はかば》
⑬ 木の□《えだ》
⑭ 将来の□《ゆめ》
⑮ □□《はそん》する
⑯ □□□□《ひじょうじたい》
⑰ □□《ぜつぼう》する
⑱ □□《せいぎ》の味方
⑲ 犬を□□《きゅうじょ》する
⑳ □□《しつもん》
㉑ □《よろこ》ぶ
㉒ 友人と□□《さいかい》する
㉓ □□《かんしゃ》の言葉
㉔ □《ひさ》しぶり
㉕ □□《きしょう》予報士
㉖ □□《はくしき》な人
㉗ □□□□《ばんぐみせいさく》
㉘ 会議の□□《しりょう》
㉙ □□《ていあん》
㉚ □□《ふくすう》
㉛ □□《ゆにゅう》品
㉜ □□《ぼうえき》を行う
㉝ □□《じゅんび》
㉞ 長さを□《はか》る
㉟ □□《りえき》
㊱ □□□□《こくさいじょうせい》
㊲ テントの□□《せつえい》
㊳ □《まず》しい
㊴ □□《せいかい》の答え
㊵ □□《ぎゃくてん》
㊶ □□《ほうどう》番組
㊷ 意見の□□《しゅちょう》
㊸ 有名な□□《ぶし》
㊹ □□《しっそ》
㊺ □□《ぜいきん》
㊻ □《おっと》と□《つま》
㊼ 良い□□《せいせき》
㊽ 意見を□《の》べる
㊾ □□□《せいじか》
㊿ ニュースの□□《かいせつ》
51 厳しい□□《しどう》
52 □□《えんぎ》力
53 金や銀などの□□《こうぶつ》
54 意見に□□《さんせい》する
55 適格な□□《しじ》

/55

漢字書き

漢字の広場(5)(6)

名前

①□□□□《ひゃくえんきんいつ》
②□□《がんか》へ行く
③薬が□《き》く
④虫を□《と》る
⑤□□《ほうふ》な資源
⑥□□□《こむぎこ》
⑦□□□《しょうひぜい》
⑧□□《いし》の仕事
⑨□□《あつぎ》する
⑩□□□《けつえきがた》
⑪□□□《りょうしゅうしょ》
⑫□□《きょうみ》がある
⑬□□《げいじゅつ》
⑭□□《ひょうばん》がよい
⑮□□《べんとう》
⑯□□《かかく》が下がる
⑰□《あ》み□《もの》
⑱□□《しょうどく》液
⑲□□《せいけつ》な服
⑳□□《はんがく》セール
㉑□□《はんが》
㉒□□《ちょぞう》庫
㉓□□□《めんおりもの》
㉔□□《ゆうかん》を読む
㉕□□《えいせい》的
㉖□□《せっきゃく》態度
㉗□《ぬの》
㉘□□□《こせいてき》
㉙客の□□《おうたい》
㉚□□□□《はんざいぼうし》
㉛□□《せいまい》
㉜□□《しょくむ》
㉝学校の□□《こうしゃ》
㉞読書の□□《しゅうかん》
㉟□□《とくい》なこと
㊱□□《きほん》
㊲□□□□《しゅうがくりょこう》
㊳□□《しょぞく》する
㊴固い□□《ゆうじょう》
㊵□□《こうりつ》がよい
㊶□□□□《せいぞうかてい》
㊷□□□□《えいきゅうほぞん》
㊸国語の□□《じゅぎょう》
㊹□□《おんし》の先生
㊺□□□《そうりょくせん》
㊻□□《だんけつ》力
㊼□□□《しんかんせん》
㊽□□《けいけん》を積む
㊾□□《へんしゅう》者
㊿話の□□《こうせい》
51 旅の□□□《きこうぶん》
52 □□《こうどう》に集まる
53 □□《せきにん》
54 □□□《ざいこうせい》
55 □□《あっしょう》
56 □□□□《そつぎょうしょうしょ》
57 天下□□《とういつ》
58 □□《ほうこく》する
59 □□《たいし》をいだく

/59

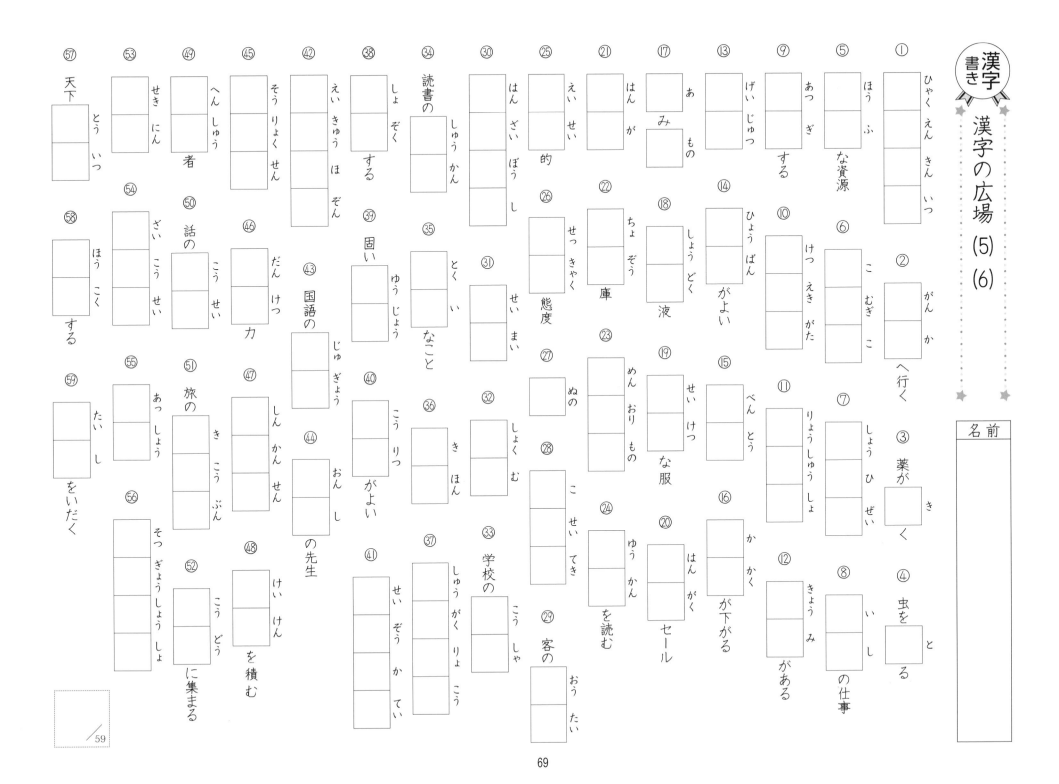

漢字 読み

漢字① 読み

——線が引いてある漢字の読みを書きましょう。

名前

① 視点
② 砂ぼこり
③ 腹が立つ
④ 階段
⑤ 並べる
⑥ 降る
⑦ 認める
⑧ 洗い流す
⑨ 異物
⑩ 単純
⑪ 反射
⑫ 背中
⑬ 捨てる
⑭ 舌
⑮ 乱打
⑯ 地域
⑰ 雑誌
⑱ 映像
⑲ 拡大
⑳ 展示
㉑ 所蔵
㉒ 訪問
㉓ 我々
㉔ 伝承
㉕ 蒸気
㉖ 細心
㉗ 対処
㉘ 就職
㉙ 臨海
㉚ 従う
㉛ 恩人
㉜ 裁判官
㉝ 法律
㉞ 脳
㉟ 心臓
㊱ 腸
㊲ 肺
㊳ 胃
㊴ 私
㊵ 密接
㊶ 呼び起こす
㊷ 呼吸
㊸ 存在
㊹ 時刻
㊺ 刺激
㊻ 簡単
㊼ 机
㊽ 難しい
㊾ 疑問
㊿ 券売機

漢字 書き

漢字① 書き

● 漢字を書きましょう。

名前

① □□《してん》を変える

② □《すな》ぼこり

③ □《はら》が立つ

④ □□《かいだん》を上る

⑤ □《なら》べる

⑥ 雨が□《ふ》る

⑦ □《みと》める

⑧ □《あら》い□《なが》す

⑨ □□《いぶつ》混入

⑩ □□《たんじゅん》

⑪ 光の□□《はんしゃ》

⑫ □□《せなか》

⑬ □《す》てる

⑭ □《した》を出す

⑮ たいこを□□《らんだ》する

⑯ □□《ちいき》住民

⑰ □□《ざっし》

⑱ □□《えいぞう》を見る

⑲ □□《かくだい》する

⑳ □□《てんじ》物

㉑ □□《しょぞう》する

㉒ □□《ほうもん》する

㉓ □□《われわれ》

㉔ 文化を□□《でんしょう》する

㉕ □□《じょうき》機関車

㉖ □□《さいしん》の注意

㉗ 問題を□□《たいしょ》する

㉘ □□《しゅうしょく》活動

㉙ □□《りんかい》工業地帯

㉚ □《したが》う

㉛ 命の□□《おんじん》

㉜ □□□《さいばんかん》

㉝ □□《ほうりつ》を守る

㉞ □《のう》を休める

㉟ □□《しんぞう》の音

㊱ □《ちょう》の働き

㊲ □《はい》がん

㊳ □《い》もたれ

㊴ □《わたし》

㊵ □□《みっせつ》

㊶ □《よ》び□《お》こす

㊷ □□《こきゅう》のリズム

㊸ □□《そんざい》

㊹ □□《じこく》表

㊺ 強い□□《しげき》

㊻ □□《かんたん》な料理

㊼ □《つくえ》

㊽ □《むずか》しい

㊾ □□《ぎもん》

㊿ □□□《けんばいき》

漢字読み

漢字② 読み

線が引いてある漢字の読みを書きましょう。

名前

① 故障
② 立派
③ 警察署
④ 銭湯
⑤ 勤める
⑥ 諸外国
⑦ 提供
⑧ 収納
⑨ 二枚
⑩ 染める
⑪ 宣言
⑫ 暮らし
⑬ 探す
⑭ 星座
⑮ 幼い
⑯ 著作権
⑰ 尊重
⑱ 消防庁
⑲ 装置
⑳ 沿う
㉑ 三冊
㉒ 宇宙
㉓ 俳句
㉔ 老若男女
㉕ 試行錯誤
㉖ 字幕
㉗ 毎晩
㉘ 模型
㉙ のぞき窓
㉚ 延ばす
㉛ 議論
㉜ 樹液
㉝ 閲覧
㉞ 値上げ
㉟ 資源
㊱ 敗退
㊲ 厳しい
㊳ 俳優
㊴ 推定
㊵ 貴重
㊶ 対策
㊷ 縮む
㊸ 棒
㊹ 熟す
㊺ 寸法
㊻ 指揮者
㊼ 痛み
㊽ 批評
㊾ 傷つく
㊿ 若者

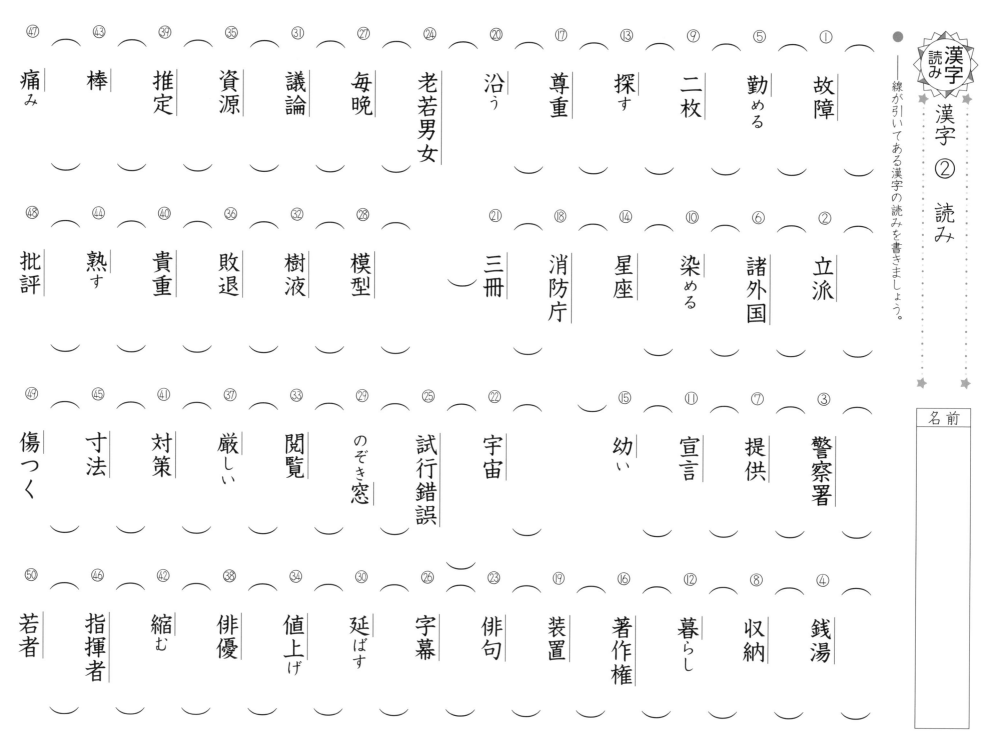

漢字書き

漢字② 書き

● 漢字を書きましょう。

名前

① 機械が□□《こしょう》する

② □□《りっぱ》

③ □□□《けいさつしょ》

④ 近所の□□《せんとう》

⑤ 会社に□《つと》める

⑥ □□□《しょがいこく》

⑦ □□《ていきょう》する

⑧ □□《しゅうのう》グッズ

⑨ □□《にまい》のカード

⑩ 布を□《そ》める

⑪ ポツダム□□《せんげん》

⑫ 平和な□《く》らし

⑬ 宝□《さが》し

⑭ 冬の□□《せいざ》

⑮ □《おさな》い

⑯ □□□《ちょさくけん》

⑰ □□《そんちょう》する

⑱ □□□《しょうぼうちょう》で働く

⑲ 便利な□□《そうち》

⑳ 川に□《そ》った道

㉑ □□《さんさつ》の本

㉒ □□《うちゅう》飛行士

㉓ □□《はいく》

㉔ □□□□《ろうにゃくなんにょ》

㉕ □□□□《しこうさくご》

㉖ □□《じまく》

㉗ □□《まいばん》

㉘ 飛行機の□□《もけい》

㉙ □《まど》を開ける

㉚ 期間を□《の》ばす

㉛ □□《ぎろん》

㉜ □□《じゅえき》を吸う

㉝ □□《えつらん》

㉞ □□《ねあ》げ

㉟ 豊かな□□《しげん》

㊱ 初戦□□《はいたい》

㊲ □《きび》しい

㊳ □□《はいゆう》

㊴ □□《すいてい》年れい

㊵ □□《きちょう》品

㊶ 暴風□□《たいさく》

㊷ □《ちぢ》む

㊸ 木の□《ぼう》

㊹ □《じゅく》す

㊺ □□《すんぽう》

㊻ □□□《しきしゃ》

㊼ □《いた》みを感じる

㊽ □□《ひひょう》家

㊾ □《きず》つく

㊿ □□《わかもの》

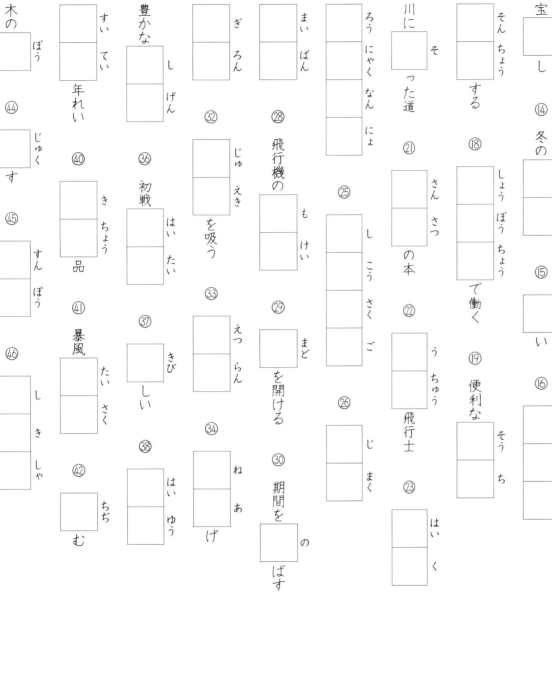

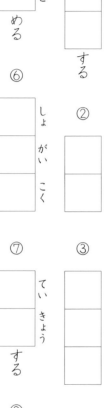

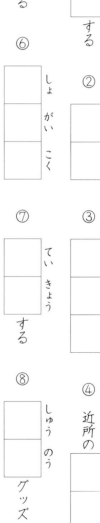

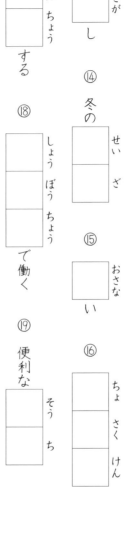

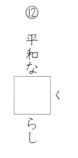

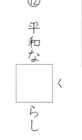

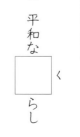

漢字読み

漢字③ 読み

――線が引いてある漢字の読みを書きましょう。

名前

① 閉じる
② 遺書
③ 翌日
④ 縦横
⑤ 山頂
⑥ 洗顔
⑦ 忠誠
⑧ 強敵
⑨ 養蚕
⑩ 玉石
⑪ 自己
⑫ 除雪
⑬ 苦労
⑭ 仁愛
⑮ 温泉
⑯ 裏庭
⑰ 銀河系
⑱ 加盟国
⑲ 意欲的
⑳ 画一的
㉑ 株式会社
㉒ 改善点
㉓ 班
㉔ 危険
㉕ 否定的
㉖ 口調
㉗ 至急
㉘ 帰宅
㉙ 砂糖
㉚ 紅茶
㉛ 卵
㉜ 牛乳
㉝ 創業
㉞ 伴奏
㉟ 誕生
㊱ 困る
㊲ 看病
㊳ 一筋
㊴ 盛り上がる
㊵ 骨格
㊶ 正確
㊷ 国宝
㊸ 郷土
㊹ 敬う
㊺ 秘伝
㊻ 聖火
㊼ 絹
㊽ 拝む
㊾ 鉄鋼
㊿ 十人十色

漢字書き

漢字③　書き

● 漢字を書きましょう。

名前

①本を□《と》じる
②□□《いしょ》を残す
③□□《よくじつ》
④□□《じゅうおう》無じん
⑤□□《さんちょう》に着く
⑥□□《せんがん》する
⑦□□《ちゅうせい》心
⑧□□《きょうてき》が現れる
⑨□□《ようさん》業
⑩□□《ぎょくせき》混合
⑪□□《じこ》紹介
⑫□□《じょせつ》作業
⑬□□《くろう》人
⑭□□《じんあい》の心
⑮□□《おんせん》へ行く
⑯□□《うらにわ》
⑰□□□《ぎんがけい》
⑱□□□《かめいこく》
⑲□□□《いよくてき》
⑳□□□《かくいつてき》
㉑□□□□《かぶしきがいしゃ》
㉒□□□《かいぜんてん》
㉓□《はん》活動
㉔□□《きけん》な場所
㉕□□□《ひていてき》
㉖厳しい□□《くちょう》
㉗□□《しきゅう》の用件
㉘□□《きたく》する
㉙□□《さとう》を入れる
㉚□□《こうちゃ》
㉛生□《たまご》
㉜□□《ぎゅうにゅう》
㉝□□《そうぎょう》百年
㉞ピアノ□□《ばんそう》
㉟□□《たんじょう》日
㊱□《こま》る
㊲□□《かんびょう》する
㊳□□《ひとすじ》
㊴□《も》り□《あ》がる
㊵□□《こっかく》
㊶□□《せいかく》に測る
㊷□□《こくほう》を保護する
㊸□□《きょうど》料理
㊹□《うやま》う
㊺□□《ひでん》の味
㊻□□《せいか》ランナー
㊼□《きぬ》のドレス
㊽□《おが》む
㊾□□《てっこう》業
㊿□□□□《じゅうにんといろ》

漢字読み

漢字④ 読み

――線が引いてある漢字の読みを書きましょう。

名前

① 死亡（　　）
② 梅干し（　　）
③ 郷里（　　）
④ 観衆（　　）
⑤ 郵便（　　）
⑥ 家賃（　　）
⑦ 孝行（　　）
⑧ 預金（　　）
⑨ 穀物（　　）
⑩ 米俵（　　）
⑪ 日本語訳（　　）
⑫ 忘れる（　　）
⑬ 温暖（　　）
⑭ 作詞（　　）
⑮ 朗読（　　）
⑯ 胸（　　）
⑰ 片仮名（　　）
⑱ 演劇（　　）
⑲ 将来（　　）
⑳ 天皇（　　）
㉑ 皇后（　　）
㉒ 陛下（　　）
㉓ 憲法（　　）
㉔ 政党（　　）
㉕ 内閣（　　）
㉖ 改革（　　）
㉗ 宗教（　　）
㉘ 垂直（　　）
㉙ 地層（　　）
㉚ 磁石（　　）
㉛ 体操（　　）
㉜ 立候補（　　）
㉝ 担当（　　）
㉞ 姿（　　）
㉟ 検討（　　）
㊱ 専属（　　）
㊲ 潮（　　）
㊳ つり針（　　）
㊴ 穴（　　）
㊵ 灰色（　　）
㊶ 興奮（　　）
㊷ 済む（　　）

漢字④ 書き

漢字書き

● 漢字を書きましょう。

名前

① □□《しぼう》事故

② □□《うめぼ》し

③ □□《きょうり》に帰る

④ □□《かんしゅう》の声援

⑤ □□《ゆうびん》

⑥ □□《やちん》

⑦ 親□□《こうこう》

⑧ □□《よきん》通帳

⑨ □□《こくもつ》

⑩ □□《こめだわら》

⑪ 日本語□《やく》

⑫ □《わす》れる

⑬ □□《おんだん》

⑭ □□《さくし》家

⑮ □□《ろうどく》

⑯ □《むね》がはずむ

⑰ □□□《かたかな》

⑱ □□《えんげき》

⑲ □□《しょうらい》の夢

⑳ 日本の□□《てんのう》

㉑ 日本の□□《こうごう》

㉒ □□《へいか》にお目にかかる

㉓ 日本国□□《けんぽう》

㉔ 人気の□□《せいとう》

㉕ □□《ないかく》総理大臣

㉖ □□《かいかく》を起こす

㉗ □□《しゅうきょう》を信じる

㉘ □□《すいちょく》

㉙ □□《ちそう》を調べる

㉚ □□《じしゃく》

㉛ □□《たいそう》選手

㉜ □□□《りっこうほ》

㉝ □□《たんとう》の先生

㉞ ドレス□《すがた》

㉟ □□《けんとう》を重ねる

㊱ □□《せんぞく》の美容師

㊲ □《しお》の香り

㊳ つり□《ばり》をたらす

㊴ 落とし□《あな》

㊵ □□《はいいろ》

㊶ □□《こうふん》状態

㊷ 用事が□《す》む

改訂版 教科書にそって学べる 国語教科書プリント6年 光村図書版 解答例

3頁

創造

名前

一まいの紙から、
船が生まれる。飛行機が生まれる。
ひとかたまりのねん土から、
象が生まれる。つぼが生まれる。
生まれる、生まれる。
わたしたちの手から次々と。

（令和六年度版 光村図書 国語 六 創造 羽曽部 忠）

1 「創造」とは、どんな意味ですか。正しい方に○をつけましょう。 ⑳

（　）見たことや経験したことがないものを、頭の中に思いえがくこと。

（○）新しいものをつくり出すこと。この世に生み出すこと。

2 船や飛行機は、何から生まれますか。文中から抜き出しましょう。 ⑳

（一まいの紙）

3 象やつぼは、何から生まれますか。文中から抜き出しましょう。 ⑳

（ひとかたまりのねん土）

4 この詩には、「生まれる」という言葉が何回出てきますか。漢数字で書きましょう。 ⑳

六 回

5 この詩の中で、あなたの心に強くひびいた言葉は何ですか。自由に書きましょう。 ⑳

（例）
（生まれる、生まれる。わたしたちの手から次々と。）

4頁

準備

名前

準備

高階《たかしな》 杞一《きいち》

待っているのではない
（あ）
準備をしているのだ
飛び立っていくための
見ているのではない
（い）
測ろうとしているのだ
風の向きや速さを

初めての位置
初めての高さを
こどもたちよ
おそれてはいけない
この世のどんなものもみな
「初めて」から出発するのだから

落ちることにより
初めてほんとうの高さがわかる
うかぶことにより
初めて
雲の悲しみがわかる

（令和六年度版 光村図書 国語 六 創造 高階 杞一）

1 あ・いの部分は、通常の文と語順が逆になっています。それぞれ通常の文の語順に書き直しましょう。 (15×2)

あ（飛び立っていくための準備をしているのだ）

い（風の向きや速さを測ろうとしているのだ）

2 ㋐待っているのではない、㋑見ているのではないとありますが、それぞれ何をしているのですか。 (15×2)

㋐（準備をしている）

㋑（測ろうとしている）

3 ㋒おそれてはいけないとありますが、なぜおそれてはいけないのですか。正しい方に○をつけましょう。 ⑮

（○）どんなこともすべて、「初めて」から始まるから。

（　）「初めて」の風の向きや速さは、測って知っているから。

4 この詩には、「初めて」という言葉が何回出てきますか。漢数字で書きましょう。 ⑩

五 回

5 この詩の中で、あなたの心に強くひびいた言葉は何ですか。自由に書きましょう。 ⑮

（例）
（うかぶことにより初めて雲の悲しみがわかる）

5頁

帰り道 ①

名前

Ⓐ 律の視点

今日の昼休み、友達五人でしゃべっているうちに、「どっちが好き。」って話になった。「海と山は。」「夏と冬は。」「ラーメンとカレーは。」「歯ブラシのかたいのとやわらかいのは。」——みんなで順に質問を出し合い、「海。」「海。」「山。」「海。」と、ぽんぽん答えていく。㋐そのテンポに、ぼくだけついていけなかった。「どっちかなあ。」とか、「どっちもかな。」とか、一人でごにょごにょ言っていたら、周也が急にいらついた目でぼくをにらんだんだ。

「どっちも好きってのは、どっちも好きじゃないのと、いっしょじゃないの。」

㋑先のとがったするどいものが、みぞおちの辺りにずきっとささった。そのまま今もささり続けて、歩いても、歩いても、ふり落とせない。

返事をしないぼくに白けたのか、周也の口数もしだいに減って、大通りの歩道橋をわたるころには、二人してすっかりだまりこんでいた。

階段を上る周也と、ぼくとの間に、きょりが開く。広がる。ここ一年でぐんと高くなった頭の位置。たくましくなった足取り。ぼくより半年早く生まれた周也は、これからもずっと、どんなこともテンポよく乗りこえて、ぐんぐん前へ進んでいくんだろう。

Ⓑ 周也の視点

何もなかったみたいにふるまえば、何もなかったことになる。そんなあまい考えを捨てたのは、校門を出てから数分後、最初の角を曲がった辺りだった。どんなに必死で話題をふっても、律はうんともすんとも言わない。背中に感じる気配は冷たくなるばかり。やっぱり、律はおこってるんだ。そりゃそうだ。

昼休み、みんなで話をしていたとき、はっきりしない律にじりじりして、つい、言わなくてもいいことを言った。軽くつっこんだつもりが、律の顔を見て、重くひびいてしまったのが分かった。まずい、と思うも、もうおそい。以降、絶対にぼくの顔を見ようとしない律のことが気になって、野球の練習を休んでまでげんかん口で待ちぶせをしたのに、いざ並んで歩きだすと、気まずいちんもくにたえられず、またぺらぺらとよけいなことばかりしゃべっている自分がいた。

「この前、給食でプリンが出てから、もうずいぶんたつよな。」

「むし歯が自然に治ればなあ。」

「山田んちの姉ちゃん、一輪車が得意なの、知ってたか。」

何を言っても、背中ごしに聞こえてくるのは、さえない足音だけ。ぼくがしゃべればしゃべるほど、その音は遠のいていくような気がする。

（令和六年度版 光村図書 国語 六 創造 森 絵都）

1 Ⓐを読んで、答えましょう。

㋐そのテンポとありますが、どんなテンポですか。 ⑮

（みんなで順に質問を出し合い、ぽんぽん答えていくテンポ。）

2 Ⓑを読んで、答えましょう。

(1) そんなあまい考えとは、どんな考えですか。 ⑮

（何もなかったみたいにふるまえば、何もなかったことになるという考え。）

(2) さえない足音とありますが、だれの足音ですか。 ⑮

（律）の足音

3 ⒶとⒷを読んで、答えましょう。

(1) Ⓑでみんなとありますが、みんなとはどんな人のことですか。Ⓐから抜き出しましょう。 ⑮

（友達五人）

(2) Ⓑで言わなくてもいいこととありますが、具体的にどんなことですか。Ⓐから抜き出しましょう。 ⑳

（「どっちも好きってのは、どっちも好きじゃないのと、いっしょじゃないの。」）

(3) Ⓐで先のとがったするどいものが、みぞおちの辺りにずきっとささったとありますが、そのとき周也は律の様子を見てどんなことが分かったのですか。Ⓑを読んで、答えましょう。 ⑳

（重くひびいてしまったのが分かった。）

6頁

帰り道 ②

名前

Ⓐ 律の視点

市立公園内の遊歩道に差しかかったころには、ぼくは周也に三歩以上もおくれをとっていた。もうだめだ。追いつけない。あきらめの境地で、ぼくは天をあおいだ。信じがたいものを見たのは、そのときだった。

空一面からシャワーの水が降ってきた。

もちろん、そんなわけはない。なのに、なぜだかとっさにプールの後に浴びるシャワーがうかんだのは、公園の新緑がふりまく初夏のにおいのせいかもしれない。

「うおっ。」

「何これ。」

頭に、顔に、体中に打ちつける水滴《てき》を雨と認めるのには、少し時間がかかった。晴れているのに雨なんて、不自然すぎる。ぼくと周也はむやみにじたばたし、意味もなくとんだりはねたりして、またたくまに天気雨が通り過ぎていくと、たがいのぬれた頭を指さし合って笑った。

本当に、あっというまのことだったんだ。ざざっと水が降ってきて、何かを洗い流した。周也の気取った前がみがぺたっとなったのが愉《ゆ》快で、ぼくはさんざん腹をかかえ、気がつくと、みぞおちの異物が消えてきた。

Ⓑ 周也の視点

そっと後ろをふり返ると、やっぱり、今日も律はおっとりと一歩一歩をきざんでいる。まぶしげに目を細め、木もれ日をふりあおぐしぐさにも、よゆうが見て取れる。ぼくにはない落ち着きっぷりに見入っていると、とつぜん、律の両目が大きく見開かれた。

なんだ、と思う間もなく、ぼくのほおに最初の一滴が当たった。大つぶの水玉がみるみる地面をおおっていく。天気雨——頭では分かっていながらも、ピンポン球のことばかり考えていたせいか、空からじゃんじゃん降ってくるそれが、ぼくの目には一瞬《しゅん》、無数の白い球みたいにうつったんだ。

ぼくがむだに放ってきた球の逆襲《しゅう》。「うおっ。」と思わずとび上がったら、後ろからも「何これ。」と律の声がして、ぼくたちは全身に雨を浴びながら、しばらくの間、ばたばたと暴れまくった。はね上がる水しぶき。びしょぬれのくつ。たがいのあわてっぷり。何もかもがむしょうにおかしくて、雨が通り過ぎるなり、笑いがあふれ出した。律もいっしょに笑ってくれたのがうれしくて、ぼくはことさらに大声を張り上げた。

（令和六年度版 光村図書 国語 六 創造 森 絵都）

1 ⒶとⒷを読んで、答えましょう。

(1) 律と周也は、それぞれ雨を何だと思いましたか。 (15×2)

・律 （シャワーの水）が降ってきた。

・周也 （無数の白い球）みたい。

(2) Ⓐで㋐「うおっ。」㋑「何これ。」とありますが、それぞれだれが言った言葉ですか。Ⓑを読んで、答えましょう。 (15×2)

㋐「うおっ。」（周也）

㋑「何これ。」（律）

(3) Ⓑでぼくたちは全身に雨を浴びながら、しばらくの間、ばたばたと暴れまくったとありますが、これと同じことを表している部分をⒶから抜き出しましょう。 ⑩

（ぼくと周也はむやみにじたばたし、意味もなくとんだりはねたりして）

(4) Ⓐでぼくはさんざん腹をかかえ、気がつくと、みぞおちの異物が消えてきたとありますが、そのとき周也はどんな思いで何をしましたか。Ⓑを読んで、答えましょう。 ⑩

（律もいっしょに笑ってくれたのがうれしくて、ことさらに大声を張り上げた。）

2 Ⓐを読んで、答えましょう。

律が雨をシャワーの水のように思ったのは、なぜですか。 ⑩

（公園の新緑が初夏のにおいをふりまいていたから。）

3 Ⓑを読んで、答えましょう。

周也が雨を無数の白い球のように思ったのは、なぜですか。 ⑩

（ピンポン球のことばかり考えていたから。）

解答例

本書の解答は，あくまでもひとつの例です。児童に取り組ませる前に，必ず指導される方が問題を解いてください。指導される方の作られた解答をもとに，児童の多様な考えに寄り添って○つけをお願いします。

7頁

帰り道 ③

名前

Ⓐ 律の視点

単純すぎる自分がはずかしくなったのは、㋐笑いの大波が引いてからだ。うっかりはしゃいだばつの悪さをかくすように、ぼくはすっと目をふせた。アスファルトの水たまりに、西日の反射がきらきら光る。そのまぶしさに背中をおされるように、今だ、と思った。今、言わなきゃ、きっと㋑二度と言えない。

「ぼく、晴れが好きだけど、たまには、雨も好きだ。」

勇気をふりしぼったわりには、しどろもどろのたよりない声が出た。

「ほんとに両方、好きなんだ。」

周也はしばしまばたきを止めて、まじまじとぼくの顔を見つめ、それから、こっくりうなずいた。㋒周也にしてはめずらしく言葉がない。なのに、分かってもらえた気がした。

「行こっか。」

「うん。」

ぬれた地面にさっきよりも軽快な足音をきざんで、ぼくたちはまた歩きだした。

Ⓑ 周也の視点

はっとしたのは、爆《ばく》発的な笑いが去った後、律が急にひとみを険しくしてつぶやいたときだ。

Ⓧ「ぼく、晴れが好きだけど、たまには、雨も好きだ。ほんとに両方、好きなんだ。」

たしかに、そうだ。晴れがいいけど、こんな雨なら大かんげい。どっちも好きってこともある。心で賛成しながらも、ぼくはとっさに㋐それを言葉にできなかった。こんなときに限って口が動かず、できたのは、だまってうなずくだけ。なのに、なぜだか律は㋑雨あがりみたいなえがおにもどって、ぼくにうなずき返したんだ。

「行こっか。」

「うん。」

しめった土のにおいがただようトンネルを、律と並んで再び歩きだしながら、ひょっとして――と、ぼくは思った。投げそこなった。でも、ぼくは初めて、律の言葉をちゃんと受け止められたのかもしれない。

（令和六年度版　光村図書　国語　六　創造　森　絵都）

1 Ⓐを読んで、答えましょう。

㋑二度と言えないとありますが、これは律のどんな言葉ですか。文中から二か所、抜き出しましょう。（10×2）

（「ぼく、晴れが好きだけど、たまには、雨も好きだ。」）

（「ほんとに両方、好きなんだ。」）

2 Ⓑを読んで、答えましょう。

㋐それとは、何を指していますか。（15）

（晴れがいいけど、こんな雨なら大かんげい。どっちも好きってこともある。と、心で賛成していること。）

3 ⒶとⒷを読んで、答えましょう。

要約：晴れと雨、どちらも好きということもあると、心で賛成していること。

(1) Ⓐで㋐笑いの大波が引いてからとありますが、これと同じことを表している部分をⒷから抜き出しましょう。（15）

（爆発的な笑いが去った後）

(2) ⒷでⓍにあたるところは、Ⓐのどこにありますか。Ⓐの文に二か所、線を引きましょう。（10×2）

(3) Ⓐで㋒周也にしてはめずらしく言葉がないとありますが、周也が何も言わなかったのはなぜですか。Ⓑを読んで、答えましょう。（15）

（心で賛成しながらも、それを言葉にできず、口が動かなかったから。）

(4) Ⓑで㋑雨あがりみたいなえがおとありますが、なぜ律は笑顔になったのだと思いますか。Ⓐを読んで、答えましょう。（15）

（自分の思っていることを、周也に分かってもらえた気がしたから。）

8頁

漢字の形と音・意味 ①

名前

1 ①～④の□には、それぞれ同じ読み方の漢字が入ります。あてはまる漢字を［　］から選んで書きましょう。また、③、④は、□の漢字の読みを（　）に書きましょう。（□3×12　（　）2×2）

①
・市民の要［求《きゅう》］を認める。
・野［球《きゅう》］選手になりたい。
・おぼれた人を［救《きゅう》］助する。

［球　求　救］

②
・外国の通［貨《か》］を使う。
・今年も桜が開［花《か》］した。
・地球温暖［化《か》］が進む。

［化　花　貨］

③
・学校の規［則］を守る。
・箱の［側］面。
・天体観［測］をする。

読み（そく）

［則　測　側］

④
・［青］春時代を思い出す。
・カゼをひいたので、安［静］にする。
・部屋を［清］潔に保つ。

読み（せい）

［静　青　清］

2 ①～⑤の□には、それぞれ同じ部分を持ち、同じ読み方の漢字が入ります。あてはまる漢字を書きましょう。また、それらの漢字が持つ同じ部分を、（　）に書きましょう。（□3×15　（　）3×5）

①
・先生にしかられて、［反］省する。
・十二時に昼ご［飯］を食べる。
・［版］画を作る。

漢字の持つ同じ部分（反）

②
・自分の意見を主［張］する。
・赤ちゃんが成［長］する。
・通［帳］に記入する。

漢字の持つ同じ部分（長）

③
・エジソンの伝［記］を読む。
・旅の［紀］行文を書く。
・人類の［起］源を調べる。

漢字の持つ同じ部分（己）

④
・金閣［寺］は有名な建物だ。
・［持］続可能な社会を目指す。
・［時］間は有限だ。

漢字の持つ同じ部分（寺）

⑤
・田中さんは、［責］任感が強い。
・国語の成［績］が上がる。
・図形の面［積］を求める。

漢字の持つ同じ部分（責）

9頁

漢字の形と音・意味 ②

名前

1 次の文の□に入る漢字を［　］から選んで書きましょう。また、その漢字に共通する部首、部首名を（　）に書きましょう。（2×24）

①
・会［議］に出席し、［記］録係を担当する。
・国［語］の教科書を音［読］する。

［語　議　記　読］

部首（言）
部首名（ごんべん）

②
・市［役］所まで［徒］歩で行く。
・［得］意な科目の［復］習をする。

［復　得　役　徒］

部首（彳）
部首名（ぎょうにんべん）

③
・暑い時［期］になったので、すずしい［服］装に変える。
・［朝］は明るいので、［月］がよく見えない。

［服　期　月　朝］

部首（月）
部首名（つきへん）

④
・［週］末、車を［運］転して海へ行く。
・野球［選］手が、［連］続してホームランを打つ。

［連　週　選　運］

部首（⻌）
部首名（しんにょう）

2 次の部首は、どんなことに関係のある漢字に使われますか。合うものを――線で結びましょう。（4×4）

① 彳（ぎょうにんべん）――「行くこと」や「道」に関係のある漢字
② 月（にくづき）――体に関係のある漢字
③ 氵（さんずい）――水に関係のある漢字
④ 言（ごんべん）――言葉や表現に関係のある漢字

3 ［　］から①～③の部首をもつ漢字をそれぞれ選んで、（　）に書きましょう。また、選んだ漢字を使った熟語を（　）に書きましょう。（3×12）

① にんべん　（作）（例）（作文）　（住）（例）（住居）
② ちから　（動）（例）（運動）　（効）（例）（効果）
③ うかんむり　（家）（例）（家族）　（室）（例）（教室）

［作　家　動　効　住　室］

10頁

季節の言葉1　春のいぶき

名前

1 ①～③の言葉の読みを（　）に書きましょう。また、その意味を説明する文章について、㋐～㋘の（　）にあてはまる言葉を下の［　］から選んで書きましょう。（①～③3×3　㋐～㋘4×9）

① 立春（二月四日ごろ）（りっしゅん）

こよみのうえで、㋐（春）が始まる日。まだ㋑（寒さ）はきびしいが、だんだん日がのび、木々が㋒（芽）ぶいてくる。

② 春分（三月二十一日ごろ）（しゅんぶん）

昼と夜の㋓（長さ）がほぼ等しくなる。これより後は、㋔（昼）の時間が長くなっていく。春の㋕（ひがん）の中日《ちゅうにち》である。

③ 穀雨（四月二十日ごろ）（こくう）

いろいろな㋖（穀物）をうるおし、芽を出させる㋗（春の雨）という意味。これを過ぎると、いよいよ㋘（夏）が近づいてくる。

［春　夏　ひがん　昼　長さ　寒さ　穀物　芽　春の雨］

2 次は、季節を区切る二十四節気《にじゅうしせっき》とその説明です。あてはまるものを――線で結びましょう。（5×3）

① 雨水《うすい》（二月十九日ごろ）――降る雪が雨に変わり、深く積もった雪も解け始める。このころから、早春の気配が感じられるようになる。
② 啓蟄《けいちつ》（三月六日ごろ）――地中で冬眠《みん》していた虫がはい出てくるころという意味。春も、もうまもなく本番になるころである。
③ 清明《せいめい》（四月五日ごろ）――気候がしだいに温暖《だん》になり、すがすがしく、明るい空気に満ちあふれるころ。

3 次の短歌、俳《はい》句について、答えましょう。

㋐ 木立より／㋐雪解《げ》のしづく／落つるおと／聞きつつわれは／歩みをとどむ

斎藤《さいとう》　茂吉《もきち》

㋑ 掘《ほ》り返す／塊《つくれ》光る／穀雨かな

西山《にしやま》　泊雲《はくうん》

(1) ㋐の短歌を五・七・五・七・七、㋑の俳句を五・七・五のリズムで読めるように、「/」線で区切りましょう。（8）

(2) ㋐の短歌について、㋐雪解のしづく落つるおととは、どんな音ですか。（　）にあてはまる言葉を［　］から選んで書きましょう。（8×3）

（雪）が解けて、（木の枝）から（しずく）が落ちる音。

［しずく　雨　木の枝　雪］

(3) ㋑の俳句について、春の季語を抜き出しましょう。（8）

（穀雨）

（令和六年度版　光村図書　国語　六　創造　「季節の言葉1　春のいぶき」による）

11頁

笑うから楽しい

①　私たちの体の動きと心の動きは、密接に関係しています。例えば、私たちは、悲しいときに泣く、楽しいときに笑うというように、㋐心の動きが体の動きに表れます。しかし、それと同時に、㋑体を動かすことで、心を動かすこともできるのです。泣くと悲しくなったり、笑うと楽しくなったりするということです。

②　私たちの脳は、体の動きを読み取って、それに合わせた心の動きを呼び起こします。㋒ある実験で、参加者に口を横に開いて、歯が見えるようにしてもらいました。このときの顔の動きは、笑っているときの表情と、とてもよく似ています。実験の参加者は、自分たちがえがおになっていることに気づいていませんでしたが、自然と愉《ゆ》快な気持ちになっていました。このとき、脳は表情から「今、自分は笑っている」と判断し、笑っているときの心の動き、つまり、楽しい気持ちを引き起こしていたのです。

③　表情によって呼吸が変化し、脳内の血液温度が変わることも、㋓私たちの心の動きを決める大切な要素の一つです。人は、脳を流れる血液の温度が低ければ、ここちよく感じることが分かっています。笑ったときの表情は、笑っていないときと比べて、鼻の入り口が広くなるので、多くの空気を取りこむことができます。えがおになって、たくさんの空気を吸いこむと、脳を流れる血液が冷やされて、楽しい気持ちが生じるのです。

④　私たちの体と心は、それぞれ別々のものではなく、㋔深く関わり合っています。楽しいという心の動きが、えがおという体の動きに表れるのと同様に、体の動きも心の動きに働きかけるのです。何かいやなことがあったときは、このことを思い出して、鏡の前でにっこり笑顔を作ってみるのもよいかもしれません。

（令和六年度版　光村図書　国語　六　創造　中村　真）

名前

1　上の文章は、「初め・中・終わり」の組み立てになっています。それぞれにあてはまる段落番号を（　）に書きましょう。(5×4)

初め　（①）　中　（②）（③）

終わり　（④）

2　㋐それとは、何を指しますか。(10)

（心の動きが体の動きに表れること。）

3　㋑体を動かすことで、心を動かすこともできるとありますが、その事例を二つ書きましょう。(10×2)

（泣くと悲しくなる。）

（笑うと楽しくなる。）

4　㋒ある実験について、答えましょう。

(1)　参加者にどんな体の動きをしてもらいましたか。(10)

（口を横に開いて、歯が見えるようにしてもらった。）

(2)　参加者は、(1)の動きをすることで、どんな気持ちになっていましたか。(10)

（自然と愉快な気持ちになっていた。）

5　㋓私たちの心の動きを決める大切な要素の一つとは、何ですか。(10)

（表情によって呼吸が変化し、脳内の血液温度が変わること。）

6　㋔深く関わり合っていますとありますが、体の動きと心の動きはどのように関わり合っていますか。正しいもの二つに○をつけましょう。(10×2)

（　）楽しいという体の動きが、えがおという心の動きに表れる。

（○）楽しいという心の動きが、えがおという体の動きに表れる。

（○）えがおという体の動きが、楽しいという心の動きに働きかける。

（　）えがおという心の動きが、楽しいという体の動きに働きかける。

12頁

時計の時間と心の時間　①

みなさんが「時間」と聞いて思いうかべるのは、きっと時計が表す時間のことでしょう。私はこれを、㋐「時計の時間」とよんでいます。「時計の時間」は、もともとは、地球の動きをもとに定められたもので、いつ、どこで、だれが計っても同じように進みます。しかし、㋑「心の時間」はちがいます。「心の時間」とは、私たちが体感している時間のことです。みなさんは、あっというまに時間が過ぎるように感じたり、なかなか時間がたたないと思ったりしたことはありませんか。私たちが感じている時間は、いつでも、どこでも、だれにとっても、同じものとはいえません。「心の時間」には、さまざまな事がらのえいきょうを受けて進み方が変わったり、人によって感覚がちがったりする特性があるのです。

分かりやすい例が、「その人が、そのときに行っていることを、どう感じているかによって、進み方が変わる」というものです。みなさんも、楽しいことをしているときは時間がたつのが速く、たいくつなときはおそく感じたという㋒経験があるでしょう。㋓このようなことが起こるのは、時間を気にすることに、時間を長く感じさせる効果があるためだと考えられています。例えば、あなたがゲームに夢中になっているときには、集中しているので、時間を気にする回数が減ります。すると、㋔時間はあっというまに過ぎるように感じます。逆に、きらいなことやつまらなく感じることには、集中しにくくなるので、時間を気にする回数が増えます。その結果、㋕時間がなかなか進まないように感じるのです。

（令和六年度版　光村図書　国語　六　創造　一川　誠）

名前

1　㋐「時計の時間」、㋑「心の時間」について答えましょう。(10×2)

(1)　それぞれどんな時間のことですか。

時計の時間…（時計が表す）時間

心の時間…（私たちが体感している）時間

(2)　次の文章のうち、「時計の時間」の説明をしているものにはⓐ、「心の時間」の説明をしているものにはⓘと書きましょう。(10×4)

（い）人によって時間の感覚がちがう。

（あ）いつ、どこで、だれが計っても同じ。

（あ）地球の動きをもとに定められた。

（い）さまざまな事がらのえいきょうを受けて進み方が変わる。

2　㋒経験とありますが、どんな経験ですか。(10)

（楽しいことをしているときは時間がたつのが速く、たいくつなときはおそく感じたという経験。）

3　㋓このようなことは、なぜ起こるのですか。(10)

（時間を気にすることに、時間を長く感じさせる効果があるため。）

4　ゲームに夢中になっているときに、㋔時間はあっというまに過ぎるように感じるのは、なぜですか。(10)

（集中しているので、時間を気にする回数が減るから。）

5　きらいなことやつまらなく感じることをしているときには、㋕時間がなかなか進まないように感じるのは、なぜですか。(10)

（集中しにくくなるので、時間を気にする回数が増えるから。）

13頁

時計の時間と心の時間　②

身の回りの環《かん》境によっても、「心の時間」の進み方は変わります。㋐これは、身の回りから受ける刺《し》激の多さと関係があります。㋑実験②は、円で表した刺激の数と、時間の感じ方との関わりを調べたものです。複数の参加者に、さまざまな数の円を、同じ時間、映した画面を見てもらいます。そして、円の増減によって、円が表示されていた時間をどのくらいに感じたかを㋒調べました。すると、表示時間が同じでも、円の数が増えるほど、長く映っていたように感じる傾《けい》向があったのです。㋓このような結果から、例えば、物が少ない部屋よりもたくさんある部屋のほうが、身の回りから受ける刺激が多いので、時間の進み方がおそく感じるのではないかと考えられます。

さらに、「心の時間」には、人によって感覚が異なるという特性があります。ここで、簡単な実験をしてみましょう。机を指でトントンと軽くたたいてみてください。しばらくの間、くり返したたくうちに、自分にとってここちよいテンポが分かってくるでしょう。㋔このテンポは人によって異なるもので、歩く速さや会話での間の取り方といった、さまざまな活動のペースと関わりがあることが分かっています。そして、このペースと異なるペースで作業を行うと、ストレスを感じるという研究もあります。みんなで同じことをしていても、私たちは、それぞれにちがう感覚で時間と向き合っているのです。

実験②

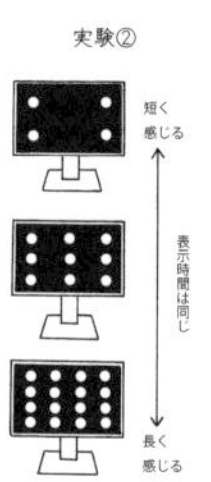

（令和六年度版　光村図書　国語　六　創造　一川　誠）

名前

1　㋐これについて、答えましょう。(10×2)

(1)　何を指していますか。

（身の回りの環境によっても、「心の時間」の進み方は変わること。）

(2)　何と関係がありますか。

（身の回りから受ける刺激の多さ。）

2　㋑実験②では、参加者に何を見てもらいましたか。(10)

（さまざまな数の円を、同じ時間、映した画面。）

3　㋒調べましたについて、答えましょう。(10×2)

(1)　何を調べましたか。

（円の増減によって、円が表示されていた時間をどのくらいに感じたか。）

(2)　調べた結果、どんな傾向がありましたか。

（表示時間が同じでも、円の数が増えるほど、長く映っていたように感じる傾向。）

4　㋓このような結果から、どのようなことが考えられますか。正しいもの二つに○をつけましょう。(15×2)

（○）円の数が増えるほど、時間が長く感じる。

（　）身の回りから受ける刺激が多いほうが、時間の進み方が速く感じる。

（○）身の回りから受ける刺激が多いほうが、時間の進み方がおそく感じる。

5　㋔このテンポについて、答えましょう。(10×2)

(1)　どんなテンポのことですか。

（自分にとってここちよいテンポ。）

(2)　何と関わりがあることが分かっていますか。

（歩く速さや会話での間の取り方といった、さまざまな活動のペース）と関わりがある。

14頁

文の組み立て　①

1　次の文は、㋐二組の主語と述語の関係が対等に並んでいるもの、㋑一組の主語と述語がもう一組の主語を修飾しているもののどちらですか。（　）に記号を書きましょう。(10×3)

①　（イ）わたしが飼っている犬は、かしこい。

②　（ア）春がきて、桜がさく。

③　（イ）父がつった魚は、とても大きい。

2　次の文には、主語と述語の関係が二組あります。〈例〉のように、主語に―線、述語に＝線を引きましょう。(5×6)

〈例〉　ぼくが　植えた　木が　育った。

①　雨が　上がり、にじが　かかる。

②　母が　作った　ケーキは　おいしい。

③　はさみが　なかった　うえに、のりも　なかった。

④　友だちが　くれた　プレゼントは　かさだ。

⑤　大きな　カラスが　飛び回り、弟は　こわがった。

⑥　人気の　歌手が　作った　曲が　オリンピックで　流れた。

3　次の文には、中心となる主語と述語があります。〈例〉のように、それぞれ（　）に書きましょう。(5×8)

〈例〉　わたしが　図書室で　借りた　本は　詩集だ。

中心となる主語（本は）

中心となる述語（詩集だ）

①　わたしの　好きな　おかしは　チョコレートだ。

中心となる主語（おかしは）

中心となる述語（チョコレートだ）

②　妹が　通う　習字教室は　有名だ。

中心となる主語（習字教室は）

中心となる述語（有名だ）

③　兄が　乗っている　タクシーは　駅へ　向かった。

中心となる主語（タクシーは）

中心となる述語（向かった）

④　父が　買ってきた　クマの　ぬいぐるみは　妹の　お気に入りだ。

中心となる主語（ぬいぐるみは）

中心となる述語（お気に入りだ）

本書の解答は，あくまでもひとつの例です。児童に取り組ませる前に，必ず指導される方が問題を解いてください。指導される方の作られた解答をもとに，児童の多様な考えに寄り添って○つけをお願いします。

15頁

文の組み立て ②

名前

[1] 次の文について、〈例〉のように、――線の主語に対する述語を（　）に書きましょう。また、その主語を修飾する言葉に〰線を引きましょう。（10×3）

〈例〉森田さんが 計画した イベントが 成功した。
述語（成功した）

① わたしが 留学した 国は アメリカだ。
述語（アメリカだ）

② 弟が 育てている トマトが 実った。
述語（実った）

③ 姉が 拾った 貝がらは きれいだ。
述語（きれいだ）

[2] 次の文について、〈例〉のように、――線の述語に対する主語を（　）に書きましょう。また、その主語を修飾する言葉に〰線を引きましょう。（10×2）

〈例〉父が 買ってきた ぬいぐるみは かわいい。
主語（ぬいぐるみは）

① サッカー選手が はいている シューズが 売れる。
主語（シューズが）

② わたしが 育てている 金魚が 成長する。
主語（金魚が）

[3] 次の文を〈例〉のように、二つの文に分けて書き直しましょう。（5×10）

〈例〉六年二組の 生徒が とった ビデオレターを 見た 先生が 感動する。
↓
（六年二組の生徒がビデオレターをとった。）
（そのビデオレターを見た先生が感動する。）

① 母が 作った ハンバーグは おいしい。
↓
（母がハンバーグを作った。）
（そのハンバーグはおいしい。）

② 立花さんが かいた 絵が コンクールで 入賞した。
↓
（立花さんが絵をかいた。）
（その絵がコンクールで入賞した。）

③ 林さんが 通っている ダンス教室が 駅前に 移転した。
↓
（林さんがダンス教室に通っている。）
（そのダンス教室が駅前に移転した。）

④ 父が 道ばたで 拾った ねこが ミルクを 飲んでいる。
↓
（父が道ばたでねこを拾った。）
（そのねこがミルクを飲んでいる。）

⑤ 田中さんが 所属している 野球チームが 大会で 優勝した。
↓
（田中さんが野球チームに所属している。）
（その野球チームが大会で優勝した。）

16頁

たのしみは

名前

〈原文〉
あ たのしみは妻子《めこ》㋐むつまじくうちつどひ
頭《かしら》㋑ならべて物をくふ時

〈訳文〉

私が楽しみとするのは、妻や子どもたちと仲よく集まり、並んでいっしょに何かを食べるときだ。

〈原文〉
い たのしみは朝おきいでて昨日まで
無かりし花の咲《さ》ける見る時

〈訳文〉

私が楽しみとするのは、朝起きて、庭に㋒昨日までは咲いていなかった花が美しく咲いているのを見るときだ。

〈橘《たちばな》 曙覧《あけみ》の歌〉

（令和六年度版 光村図書 国語 六 創造 「たのしみは」による）

[1] あ・いの短歌を読んで、次の問いに答えましょう。

(1) あ・いは、江戸《えど》時代の歌人・橘曙覧がよんだ短歌です。どんな時によんだ短歌ですか。（　）にあてはまる言葉を書きましょう。（10）

日常の暮らしの中に（楽しみ）を見つけた時

(2) あ・いの短歌は、何で始まり何で結んでいますか。□にあてはまる言葉を書きましょう。（5×2）

たのしみは で始まり、 時 で結んだ短歌

(3) 〈訳文〉から、次の言葉にあたる部分を抜き出しましょう。（10×2）

㋐ 妻子むつまじくうちつどひ
（妻や子どもたちと仲よく集まり）

㋑ 頭ならべて物をくふ
（並んでいっしょに何かを食べる）

(4) 〈原文〉から、次の言葉にあたる部分を抜き出しましょう。（10）

㋒ 庭に昨日までは咲いていなかった花
（昨日まで無かりし花）

[2] 短歌の決まりについて、（　）にあてはまる言葉を□から選んで書きましょう。（5×7）

・短歌は、五・七・（五）・七・（七）の（三十一）音で表す。
・小さな「（っ）」や、のばす音、「ん」も、（一）音と数える。
・表現を工夫するときは、言いかえたり、（たとえ）の表現を使ったりする。また、言葉の（順序）や、書き表す文字を変えてもよい。

たとえ　っ　順序　一　五　七　三十一

[3] 「たのしみは」で始まり、「時」で終わる短歌を自由に作りましょう。（15）

（例）
（たのしみは　新しい服
身にまとい
見慣れた街を
散歩する時）

17頁

天地《てんち》の文《ふみ》

名前

天地の文　福沢《ふくざわ》 諭吉《ゆきち》

天地《てんち》日月《じつげつ》。東西南北。きたを背に南に向かひ《(い)》て右と左に指させば、ひだりは東、みぎはにし。日輪《にちりん》、朝は東より次第《しだい》にのぼり、暮れはまたにしに没《ぼっ》して、夜くらし。一昼一夜《いっちゅういちや》変わりなく、界《さかい》を分けし午前午後、前後合わせて二十四時、時をあつめて日を計《かぞ》へ《(え)》、日数《ひかず》つもりて三十の数に満つれば一か月、大と小とにかかは《(わ)》らず、あらまし分けし四週日、一週日の名目《みょうもく》は日月火水木金土、一七日《ひとなのか》に一新し、一年五十二週日、第一月《げつ》の一日は年たち回る時なれど、春の初めは尚遅《なおおそ》く初めて来《きた》る第三月、春夏《しゅんか》秋冬《しゅうとう》三月《みつき》づ《(ず)》つ合わせて三百六十日、一年一年又《また》一年、百年三万六千日、人生わづ《(ず)》か五十年、稚《おさな》き時に怠《おこた》らば老いて悔《く》ゆるも甲斐《かい》なかるべし。

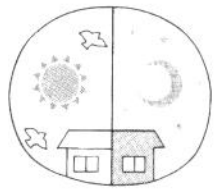

（令和六年度版 光村図書 国語 六 創造 福沢 諭吉）

[1] 次の読みがなを書きましょう。（10×2）

① 天地の文
（てんちのふみ）

② 福沢諭吉
（ふくざわゆきち）

[2] 「天と地、太陽と月」のことを何といっていますか。文中から四文字で抜き出しましょう。（10）

天地日月

[3] 東と西の方角は、どのようにすれば分かりますか。（10）

（北を背にして南に向かって右と左を指さすと、左は東、右は西である。）

[4] 「日輪」とは、何を指していますか。漢字二文字で書きましょう。（10）

太陽

[5] 「一日」とは、どういうものであるといっているか、説明しましょう。（10）

（午前と午後に分かれ、合わせて二十四時間である。）

[6] 上の文章には、次の八つのことについて書かれています。書かれている順に（　）に番号を入れましょう。（5×8）

（5）本当の春のおとずれについて
（3）一か月とはどういうものかの説明
（7）人生の長さについて
（1）東西南北とはどういうものかの説明
（4）一週間の呼び方についての説明
（2）一日の時間についての説明
（8）子どもの時の心がけについて
（6）一年は何日であるかについての説明

18頁

情報と情報をつなげて伝えるとき

名前

[1] 次の情報と情報をつなげる関係、その具体例、それを表す図を――線で結びましょう。（9×6）

関係

(1) 〈Aとその説明（定義）の関係〉
(2) 〈Aとその具体例の関係〉
(3) 〈複数のものと、その共通点（A）という関係〉

具体例

このように、A（果物）は栄養が豊富だ。

A（果物）には、イチゴやリンゴやバナナがある。

A（果物）とは、果実のことだ。

図

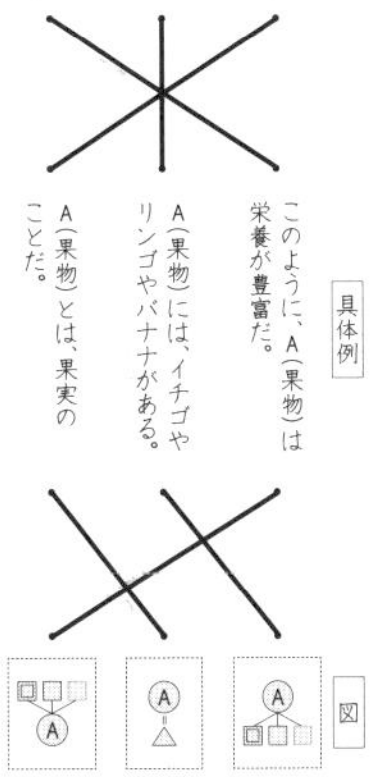

[2] 次の「地産地消」についての報告書を読んで、答えましょう。

① 日本各地で、農産物や水産物の「地産地消」の取り組みが、積極的に行われている。

② 地産地消には、さまざまなねらいがある。

[　㋐　]

あ 消費者が、しんせんな食料を、顔の見える生産者から安心して買えるようにすること。また、生産者が、形のふぞろいな野菜なども、そのよさを伝えて売ることができるようにすること。 い 、車や飛行機などで食料を運ぶ際に出る、二酸化炭素の量を減らすことだ。

③ 日本だけでなく、イギリスでも、なるべく近い地域で作られた食料を消費しようという「フードマイルズ運動」がある。一九九〇年代に始まったこの運動では、食料の重さと、その食料を運ぶきょりをかけ合わせた指標である「フードマイルズ」が唱えられた。フードマイルズを意識し、食料を運ぶ際に環《かん》境にかかる負担《たん》を減らすことが、この運動のねらいだ。

④ このように、[　㋑　]

(1) あ、いにあてはまるつなぎ言葉を□から選んで書きましょう。（8×2）

あ（例えば）
い（そして）

そして　しかし　例えば

(2) 一段落目の㋐の部分に入るように、「地産地消」の説明を書きましょう。その際、教科書や辞書、インターネット検索等を参考にしましょう。（15）

（例）

（「地産地消」とは、「地域生産・地域消費」の略で、地域で生産された農産物や水産物を、その地域で消費することだ。）

(3) ㋑に入るまとめの文章を、二段落目と三段落目に書かれている情報の共通点を考えて、一、二文程度で書きましょう。（15）

（例）

（「地産地消」は、消費者の安心や環境を守るために、世界で取り組まれているのだ。）


（令和六年度版 光村図書 国語 六 創造 「情報と情報をつなげて伝えるとき」による）

19頁

星空を届けたい ①

名前

あるとき、「星の語り部」のメンバーの一人が、「目が見えない人にも、プラネタリウムを体験してもらいたいね。」と言いました。[あ]、別のメンバーが、「私の友達に、目が見えない人がいるんです。今度、さそってみます。」と言って、市瀬さんという男性を連れてきてくれました。生まれたときから目が見えない市瀬《いちせ》さんは、「今まで、ぼくに星の話をしてくれた人はいなかった。」と言って、星について初めて知ることを喜んでいました。

目が見えない人たちは、自分の身の回りにあるものをさわることで、㋐そこに何があるかを知っていきます。耳が聞こえれば、耳からの情報もとても重要です。[い]、星や空は、どんなにがんばっても手でふれることはできず、音を出すものでもありません。[う]、空に星があるということを、目が見えない人が知るのは、㋑とても難しいのです。だからこそ、なんとか工夫をして、目が見えない人たちにも星空や宇宙のことを感じてもらいたい、と思うようになりました。でも、どうすればよいのでしょう。

生まれたときから目が見えない人の多くは、㋒「点字」を使います。点字とは、ぽつっとふくらんでいる点を六個組み合わせて表した、視覚障害者用の文字です。ドレッシングの容器や洗濯《たく》機など、私たちの家にも、点字が表示されたものがあります。

（令和六年度版　光村図書　国語　六　創造　高橋　真理子）

1 あ～うにあてはまるつなぎ言葉を□から選んで書きましょう。（4×3）

しかし　だから　すると

あ（ すると ）　い（ しかし ）　う（ だから ）

2 市瀬さんについて、正しいものに二つ○をつけましょう。（10×2）

（ ○ ）生まれたときから目が見えない。
（　）星について詳しい。
（ ○ ）星について初めて知ることを喜んでいる。

3 ㋐そこについて、答えましょう。（10×2）

(1) そことは、何を指していますか。
（ 自分の身の回り ）

(2) 目が見えない人たちは、そこに何があるかをどのようにして知っていきますか。
（ さわる。 ）

4 ㋑とても難しいについて、答えましょう。

(1) 何がとても難しいのですか。（10）
（ 空に星があるということを、目が見えない人が知ること。 ）

(2) なぜ、とても難しいのですか。（10）
（ 星や空は、どんなにがんばっても手でふれることはできず、音を出すものでもないから。 ）

5 ㋒「点字」について、答えましょう。

(1) どのような人が使いますか。（10）
（ 生まれたときから目が見えない人。 ）

(2) どのような文字ですか。（10）
（ ぽつっとふくらんでいる点を六個組み合わせて表した、視覚障害者用の文字。 ）

(3) どんなものに表示されていますか。文中の例を二つ書きましょう。（4×2）
（ ドレッシングの容器 ）
（ 洗濯機 ）

20頁

星空を届けたい ②

名前

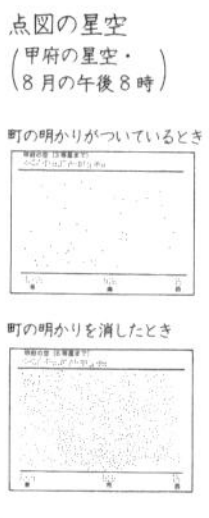

あるとき、市瀬さんが、「点字のことを『六《ろく》星《せい》』とも言うんだよ。」と教えてくれました。そのとき、㋐点字の点は、そのまま星を表現できるのでは、と気づいたのです。

その後、「点図」という、点字用の点を使って地図や絵を作っている人と出会い、点図で夜の星空をかいてみることになりました。例えば、「八月の午後八時に甲府《こうふ》から見える星空」を点図で作る場合、同じ場所、同じ時刻で、「町の明かりがついているときに見える夜空のパターン」と、「町の明かりを消したときに見える星空のパターン」の二種類を作ります。[あ]、プラネタリウムの町の明かりが消えて、満天の星が見えた瞬《しゅん》間にわき起こる㋑「わあ。」という感動を、目が見えない人も共有できます。そんなふうに試行錯《さく》誤を重ねている間に、「星の語り部」には、目が見えない仲間も増えていきました。

目が見えない仲間たちと活動する中で、私は、多くのことを学びました。よく考えると、宇宙に散らばる星のほとんどは、あまりにも遠くにあるため、目が見える人も肉眼で見ることはできません。[い]、㋒宇宙は「見えない世界」なのです。そう思うと、目が見えていても、見えていなくても、㋓同じように宇宙のことを感じたり、語り合ったりすることができるんだ、ということに気がついたのです。

また、目が見える人も、しばらく暗やみにいると、㋔ふだんより周りの音がよく聞こえてきたり、他の感覚が敏感になったりするでしょう。星や宇宙をながめ、感じるということは、視覚以外の聴《ちょう》覚や嗅《きゅう》覚、触《しょく》覚などがするどくなることなんだな、ということも分かりました。

（令和六年度版　光村図書　国語　六　創造　高橋　真理子）

1 あ、いにあてはまるつなぎ言葉を□から選んで書きましょう。（10×2）

つまり　そうすれば　例えば

あ（ そうすれば ）　い（ つまり ）

2 ㋐点字の点は、そのまま星を表現できると気づいたのは、いつですか。（15）
（ 市瀬さんが、点字のことを「六星」とも言うことを教えてくれたとき。 ）

3 ㋑「わあ。」という感動とは、どんなときにわき起こりますか。（15）
（ プラネタリウムの町の明かりが消えて、満天の星が見えた瞬間。 ）

4 筆者が㋒宇宙は「見えない世界」と言っているのはなぜですか。（15）
（ 宇宙に散らばる星のほとんどは、あまりにも遠くにあるため、目が見える人も肉眼で見ることはできないから。 ）

5 ㋓同じように宇宙のことを感じたり、語り合ったりすることができるのは、どんな人とどんな人ですか。（10×2）
（ 目が見えている人 ）
（ 目が見えていない人 ）

6 どんなときに、㋔ふだんより周りの音がよく聞こえてきたり、他の感覚が敏感になったりするのですか。（15）
（ しばらく暗やみにいるとき。 ）

21頁

ユニバーサルデザイン×天文教育

名前

ユニバーサルデザインとは、「障害の有《う》無や年齢《れい》、性別、国のちがいなどにかかわらず、なるべくたくさんの人たちが利用したり、楽しんだりできるようなサービスやもの、環境をデザインする。」という考え方のことです。

星や宇宙のことを伝える㋐活動をしている人たちの中にも、目が見えない人や耳が聞こえない人、車いすに乗った人とも、㋑いっしょに星や宇宙を楽しむ方法を作ろうという動きがあります。

㋒例えば、指でさわれば星座が分かるようにした、とつ点のある星座早見盤《ばん》や、点字や音声がセットになった宇宙の本などがあります。また、最近は3D《スリーディー》プリンターの発達で、さわれる大型望遠鏡の模型を作ることも可能になりました。耳が聞こえない人たちの言葉である手話は、天文関係の言葉を表せるものが少なく、㋓それらを作ろうという動き、さらには、㋔天文関係の言葉を集めて、世界共通で使える新しい手話を作ろうという動きもあります。

（令和六年度版　光村図書　国語　六　創造　高橋　真理子）

1 ㋐活動をしている人たちとありますが、何を伝える活動をしているのですか。（10）
（ 星や宇宙のこと ）を伝える活動

2 ㋑いっしょにとありますが、どんな人たちといっしょなのですか。三つ書きましょう。（5×3）
（ 目が見えない ）人
（ 耳が聞こえない ）人
（ 車いすに乗った ）人

3 ㋒例えばとありますが、どんなものが作られていますか。文中から三つ抜き出しましょう。（10×3）
（ とつ点のある星座早見盤 ）
（ 点字や音声がセットになった宇宙の本 ）
（ さわれる大型望遠鏡の模型 ）

4 とつ点のある星座早見盤や、点字や音声がセットになった宇宙の本は、どんな人に向けたものですか。正しいものに○をつけましょう。（15）
（ ○ ）目が見えない人
（　）耳が聞こえない人
（　）車いすに乗った人

5 手話とは、だれの言葉だと書かれていますか。（10）
（ 耳が聞こえない人たちの言葉。 ）

6 ㋓それらとは、何を指していますか。（10）
（ 手話で天文関係の言葉を表せるもの。 ）

7 ㋔天文関係の言葉を集めて、何を作ろうという動きがありますか。（10）
（ 世界共通で使える新しい手話 ）

22頁

せんねん　まんねん

名前

せんねん　まんねん　まど・みちお

①いつかのっぽのヤシの木になるために
そのヤシのみが地べたに落ちる
その地ひびきでミミズがとびだす
㋐そのミミズをヘビが㋑のむ
そのヘビをワニがのむ
そのワニを川がのむ
その川の岸ののっぽのヤシの木の中を
昇《のぼ》っていくのは
今まで土の中でうたっていた清水《しみず》
その清水は昇って昇って昇りつめて
㋒ヤシのみの中で眠《ねむ》る

②その眠りが夢でいっぱいになると
いつかのっぽのヤシの木になるために
そのヤシのみが地べたに落ちる
その地ひびきでミミズがとびだす
そのミミズをヘビがのむ
そのヘビをワニがのむ
そのワニを川がのむ
その川の岸に
まだ人がやって来なかったころの
㋓はるなつあきふゆ　はるなつあきふゆ
ながいみじかい　せんねんまんねん

（令和六年度版　光村図書　国語　六　創造　まど・みちお）

1 ①（第一連）と②（第二連）の両方でくり返されている部分の、始めと終わりの一行を抜き出しましょう。（10×2）
始め（ いつかのっぽのヤシの木になるために ）
終わり（ そのワニを川がのむ ）

2 ヤシのみが地べたに落ちるのは、何のためですか。（10）
（ いつかのっぽのヤシの木になるため。 ）

3 ㋐そのミミズとは、どんなミミズですか。（10）
（ ヤシのみが地べたに落ちる地ひびきでとびだしたミミズ。 ）

4 何が、何を㋑のむのですか。次の（　）にあてはまる言葉を書きましょう。（10×3）
(1) ヘビが（ ミミズ ）をのむ。
(2) ワニが（ ヘビ ）をのむ。
(3) 川が（ ワニ ）をのむ。

5 ㋒ヤシのみの中で眠るのは、何ですか。（10）
（ 今まで土の中でうたっていた清水 ）

6 ㋓の部分では、「はるなつあきふゆ」がくり返されています。これはどういうことを表していると考えられますか。あなたの考えを書きましょう。（10）
（例）
（ 同じことが何年もくり返されているということ。 ）

7 この詩の説明として、あてはまるほうに○をつけましょう。（10）
（　）地球上には、いろいろな生き物がいて、どれもほかの生き物とは関係をもたずに自立して生きている。
（ ○ ）地球上では、それぞれの命がつながっていて、それがとても長い間くり返されてきた。

解答例

本書の解答は，あくまでもひとつの例です。児童に取り組ませる前に，必ず指導される方が問題を解いてください。指導される方の作られた解答をもとに，児童の多様な考えに寄り添って○つけをお願いします。

23頁

名づけられた葉

名前

名づけられた葉　新川《しんかわ》　和江《かずえ》

ポプラの木には　ポプラの葉
何千何万芽をふいて
㋐緑の小さな手をひろげ
いっしんにひらひらさせても
ひとつひとつのてのひらに
載《の》せられる名はみな同じ　〈ポプラの葉〉

わたしも
いちまいの葉にすぎないけれど
あつい血の樹液をもつ
にんげんの歴史の幹から分かれた小枝に
不安げにしがみついた
おさない葉っぱにすぎないけれど
わたしは呼ばれる
わたしだけの名で　朝に夕に

だからわたし　㋑考えなければならない
誰《だれ》のまねでもない
葉脈の走らせ方を　刻みのいれ方を
せいいっぱい緑をかがやかせて
うつくしく散る法を
名づけられた葉なのだから　考えなければ
ならない
どんなに風がつよくとも

（令和六年度版　光村図書　国語　六　創造　新川　和江）

1 この詩は、何連からできていますか。漢数字で書きましょう。（10）

（三）連

2 対比させているのは、何連と何連ですか。漢数字で書きましょう。（10×2）

（一）連と（二）連

3 ㋐緑の小さな手とは、何を指していますか。文中から一文字で抜き出しましょう。（10）

ポプラの 葉

4 ㋑考えなければならないについて、答えましょう。

(1) わたしは、何を考えなければならないのですか。三つ書きましょう。（10×3）

・（葉脈の走らせ方）
・（刻みのいれ方）
・（せいいっぱい緑をかがやかせてうつくしく散る法）

(2) なぜ考えなければならないのですか。正しい方に○をつけましょう。（10）

（　）「わたし」も、にんげんの歴史の幹から分かれたたくさんの小さなポプラの葉のように、みなと同じ名前をもっているから。
（○）「わたし」も、にんげんの歴史の幹から分かれた小さな葉だけれど、自分だけの名前をもっているから。

5 この詩の内容について、正しいもの二つに○をつけましょう。（10×2）

（○）ポプラの木の葉の名前は、すべて「ポプラの葉」である。
（　）「わたし」は、自分だけの名前で呼ばれない。
（○）名づけられた葉として、葉脈の走らせ方や刻みのいれ方、うつくしく散る法を考えなければならない。

24頁

インターネットでニュースを読もう

名前

1 ニュースサイトのトップページに表示されているものとして、㋐、㋑の二種類があります。（　）にあてはまるものを□から選んで書きましょう。（10×3）

㋐ いつも表示されているもの
（サイト名）・分野名のボタン・（検索窓）など

㋑ ひんぱんに更新《こう》されて、表示が入れかわるもの
（トップニュース）・ニュースのランキング　など

検索《さく》窓　トップニュース　サイト名

2 次の文章の（　）にあてはまる言葉を、□から選んで書きましょう。（5×6）

【インターネットを使って、適切に情報を得る】

・いつ、（だれ）によって発信された情報かに注意して、（事実）を正しく読み取ったり、信頼《らい》できる情報かどうかを（判断）したりする。
・（関連）するニュースを探しやすい、情報がひんぱんに（更新）されるなどの、ニュースサイトの（特徴）をいかして、知りたい情報を得る。

判断　だれ　更新　関連　特徴《ちょう》　事実

3 ニュースサイトのトップページの例を見て、㋐〜㋔の（　）にあてはまる言葉を□から選んで書きましょう。（8×5）

○トップページの例

㋐（サイト名）
閲覧《えつ》しているニュースサイトの名前。

㋑（分野名のボタン）
政治やスポーツなど、分野名のボタンが並ぶ。選択《たく》すると、その分野の記事の見出しを表示できる。

㋒（トップニュース）
重要なニュースなど、多くの人に読んでもらいたい、新しい記事の見出し。写真付きで表示される場合もある。

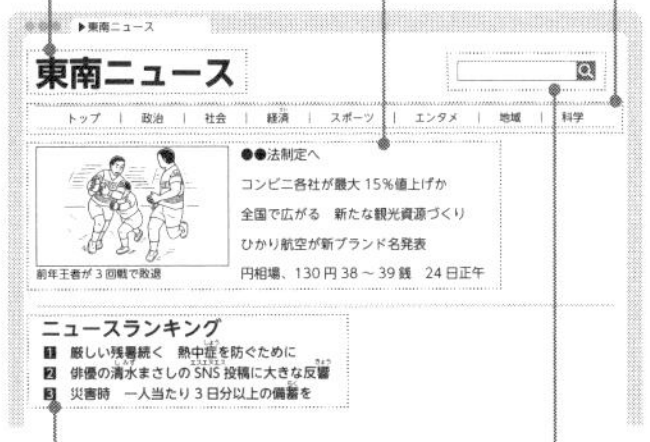

㋓（ランキング）
見ている人が多い順などに従って、ランキング形式で記事の見出しが並ぶ。配信日が古い記事が表示される場合がある。

㋔（検索窓）
キーワードを入力すると、関連する記事の一覧が表示できる。知りたい情報がトップニュースに見当たらなかったり、どの分野に当てはまるのかが分からなかったりするときに、効率よく調べることができる。

ランキング　トップニュース　サイト名　検索窓　分野名のボタン

（令和六年度版　光村図書　国語　六　創造　「インターネットでニュースを読もう」による）

25頁

文章を推敲《こう》しよう

名前

1 教科書を参考に、次の文章を推敲しましょう。（30）

プラスチックごみを減らすことは、SDGs《エスディージーズ》の目標と深く関わっています。ぼくは、新聞を読んで、国内のプラスチックごみが年間で八〇〇万トンもあると知り、おどろきました。なんと、東京スカイツリー二〇〇基分以上の重さだそうです。商品の包装が簡素になったり、以前は無料だったレジぶくろが有料化されたりしましたが、それだけにたよってはいけないと思います。みんなでプラスチックごみを減らしましょう。

〈ヒント〉
○「SDGs」の目標
「つくる責任つかう責任」
「気候変動に具体的な対策を」
「海の豊かさを守ろう」
「陸の豊かさも守ろう」
○ぼくたちができる取り組み
・プラスチック製のカップやストローは使わない。
・ポリぶくろやラップの使い方を見直す。
・ゴミを分別してから出す。
・ゴミ拾い活動を行う。
○引用元…「北西新聞」

2 〈ヒント〉を参考に、1で推敲した文を清書しましょう。（70）

（解答略）

〈参考〉「北西新聞」二〇二四年九月三日朝刊

（令和六年度版　光村図書　国語　六　創造　「文章を推敲しよう」による）

26頁

季節の言葉2　夏のさかり

名前

1 ①〜③の言葉の読みを〔　〕に書きましょう。また、その意味を説明する文章について、㋐〜㋕の（　）にあてはまる言葉を下の□から選んで書きましょう。（①〜③5×3、㋐〜㋕5×6）

① 立夏（五月六日ごろ）〔りっか〕
こよみのうえで、㋐（夏）が始まる日。㋑（新緑）や若葉《わか》に、夏の気配が感じられるようになる。

② 夏至（六月二十一日ごろ）〔げし〕
一年の中で、昼が最も長く、夜が最も㋒（短い）日。昔のこよみでは、夏の㋓（真ん中）とされた。

③ 大暑（七月二十三日ごろ）〔たいしょ〕
㋔（晴れた）日が続き、一年のうちで暑さが最も㋕（きびしい）ころ。

真ん中　短い　きびしい　新緑　夏　晴れた

2 季節を区切る二十四節気《にじゅうしせっき》とその説明です。あてはまるものを――線で結びましょう。（5×3）

① 小満《しょうまん》（五月二十一日ごろ）
② 芒種《ぼうしゅ》（六月六日ごろ）
③ 小暑《しょうしょ》（七月七日ごろ）

・つゆが終わりに近づく。この日から「暑中（夏の暑さがさかんな時期）」に入り、暑さが増してくる。
・「芒《のぎ》」とは、いねや麦などの実のからにある、はりの形をしたもののこと。芒のある穀《こく》物の種をまく時期である。
・立夏から十五日目に当たる。陽気がさかんとなり、草木が成長して満ちてくるという意味。

3 次の短歌、俳《はい》句について、答えましょう。

㋐ めざましき若葉の色の日のいろの揺《ゆ》れを静かにたのしみにけり　島木《しまき》　赤彦《あかひこ》

㋑ くず餅《もち》のきな粉しめりし大暑かな　鈴木《すずき》　真砂女《まさじょ》

(1) ㋐の短歌を五・七・五・七・七、㋑の俳句を五・七・五のリズムで読めるように、「／」線で区切りましょう。（15）

(2) ㋐の短歌について、作者はどんな色の葉がゆれている様子を楽しんでいますか。正しい方に○をつけましょう。（10）

（　）太陽のように真っ赤な色
（○）あざやかな緑色

(3) ㋑の俳句について、夏の季語を抜き出しましょう。（15）

（大暑）

（令和六年度版　光村図書　国語　六　創造　「季節の言葉2　夏のさかり」による）

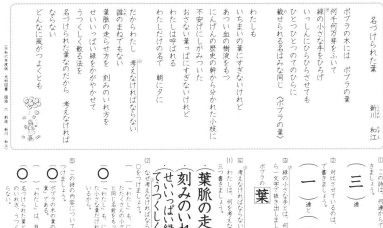

27頁

やまなし ①

そのお魚が、また上《かみ》からもどってきました。今度はゆっくり落ち着いて、ひれも尾《お》も動かさず、ただ水にだけ流されながら、お口を輪のように円くしてやって来ました。そのかげは、黒く静かに底の光のあみの上をすべりました。

㋐「お魚は……。」

そのときです。にわかに㋑天井に白いあわが立って、青光りのまるでぎらぎらする鉄砲《ぼう》だまのようなものが、いきなり飛びこんできました。

兄さんのかにには、はっきりと㋒その青いものの先が、コンパスのように黒くとがっているのも見ました。と思ううちに、㋓魚の白い腹がぎらっと光って一ぺんひるがえり、上の方へ上ったようでしたが、それっきりもう青いものも魚の形も見えず、光の黄金のあみはゆらゆらゆれ、あわはつぶつぶ流れました。

二ひきはまるで声も出ず、㋔居すくまってしまいました。

お父さんのかにが出てきました。

「どうしたい。ぶるぶるふるえているじゃないか。」

「お父さん、今、㋕おかしなものが来たよ。」

「どんなもんだ。」

「青くてね、光るんだよ。はじが、こんなに黒くとがってるの。それが来たら、お魚が上へ上っていったよ。」

「そいつの目が赤かったかい。」

「分からない。」

「ふうん。しかし、そいつは鳥だよ。かわせみというんだ。だいじょうぶだ、安心しろ。おれたちは構わないんだから。」

「お父さん、お魚はどこへ行ったの。」

「魚かい。魚はこわい所へ行った。」

「こわいよ、お父さん。」

「いい、いい、だいじょうぶだ。心配するな。そら、かばの花が流れてきた。ごらん、きれいだろう。」

（令和六年度版　光村図書　国語　六　創造　宮沢　賢治）

名前

1 お口を輪のように円くしてやって来たのは、だれですか。漢字一文字で書きましょう。（10）

魚

2 ㋐「お魚は……。」と言ったのは、だれですか。ひらがな二文字で書きましょう。（10）

かに

3 ㋑天井とは、何のことですか。正しいものに〇をつけましょう。（10）

（　）川の水底　（〇）川の水面　（　）空の上

4 ㋒その青いものについて、答えましょう。（15×2）

(1) どのようなものですか。

（青光りのまるでぎらぎらする鉄砲だまのようなもの。）

(2) 何という鳥でしたか。

（かわせみ）

5 ㋓魚の白い腹が…魚の形も見えずとありますが、このことからどのようなことが分かりますか。正しいもの二つに〇をつけましょう。（10×2）

（〇）魚が、かわせみにつかまえられて、水面の方へ上っていったこと。

（　）魚が、ひれも尾も動かさず、ただ水にだけ流されているだけということ。

（〇）水の中に入ってきたかわせみも、魚も、川からいなくなってしまったこと。

6 ㋔居すくまってとありますが、「居すくまる」とは、どんな意味ですか。正しいものに〇をつけましょう。（10）

（　）落ち着いてじっとしている。

（〇）こわくて動けなくなる。

（　）おどろいて逃げ出す。

7 ㋕おかしなものとは、どんなものですか。まちがっているものに〇をつけましょう。（10）

（　）青くて光る。

（　）はじが黒くてとがっている。

（〇）ぶるぶるふるえている。

（　）かわせみという鳥である。

28頁

やまなし ②

●登場人物

お父さんのかに

子どもらのかに（お兄さんのかに、弟のかに）

そのとき、㋐トブン。

㋑黒い丸い大きなものが、天井から落ちてずうっとしずんで、また上《かみ》へ上っていきました。きらきらっと黄金のぶちが光りました。

「かわせみだ。」

子どもらのかには、㋒首をすくめて言いました。

お父さんのかには、遠《とお》眼鏡のような両方の目をあらん限りのばして、よくよく見てから言いました。

「そうじゃない。あれはやまなしだ。流れていくぞ。ついていってみよう。ああ、いいにおいだな。」

なるほど、そこらの月明かりの水の中は、やまなしのいいにおいでいっぱいでした。

三びきは、ぼかぼか流れていくやまなしの後を追いました。

㋓その横歩きと、底の黒い㋔三つのかげ法師が、合わせて六つ、おどるようにして、やまなしの円いかげを追いました。

まもなく、水はサラサラ鳴り、天井の波はいよいよ青いほのおを上げ、やまなしは横になって木の枝に引っかかって止まり、㋕その上には、月光のにじがもかもか集まりました。

㋖「どうだ、やっぱりやまなしだよ。よく熟している。いいにおいだろう。」

「おいしそうだね、お父さん。」

「待て待て。もう二日ばかり待つとね、㋗こいつは下へしずんでくる。それから、ひとりでにおいしいお酒ができるから。さあ、もう帰ってねよう。おいで。」

親子のかには三びき、自分らのあなに帰っていきます。

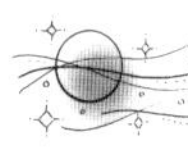

（令和六年度版　光村図書　国語　六　創造　宮沢　賢治）

名前

1 ㋐トブンとは、何がどうした音ですか。（10）

（黒い丸い大きなものが川に落ちた音。）

2 ㋑黒い丸い大きなものについて、答えましょう。（10×2）

(1) 子どもらのかには、これを何だと思いましたか。

（かわせみ）

(2) お父さんのかには、これを何だと言いましたか。

（やまなし）

3 ㋒首をすくめてとありますが、「首をすくめる」とはどんな意味ですか。正しいものに〇をつけましょう。（5）

（　）不思議に思って首をかたむける

（〇）おそろしくて首をちぢめる

（　）興味を持って首を伸ばす

4 次の問いに答えましょう。

(1) ㋓その横歩きの「その」は、何を指していますか。（10）

（三びきのかに）

(2) ㋔三つのかげ法師とは、だれとだれとだれのかげですか。（5×3）

（お父さんのかに）と（お兄さんのかに）と（弟のかに）

（順不同）

5 ㋕その上とは、何の上ですか。（10）

（木の枝に引っかかって止まったやまなしの上。）

6 ㋖「どうだ、やっぱり…いいにおいだろう。」と言っているのはだれですか。（10）

（お父さんのかに）

7 ㋗こいつとは、何を指していますか。（10）

（やまなし）

8 やまなしは下へしずんできて、どうなるとお父さんのかには言っていますか。（10）

（ひとりでにおいしいお酒になる。）

29頁

イーハトーヴの夢 ①

そして、賢治の作品でわすれてはならない「銀河鉄道の夜」がある。

ある晩、事故でなくなった親友を送って、天上の国まで旅してしまう少年の物語。目をみはるほど美しい天上の風景が出てくる。これは、大切な妹トシをなくした賢治が、悲しみのどん底で書いた作品だ。物語の主人公、ジョバンニが住んでいた町は、イーハトーヴのパノラマ地図の中の種山《たねやま》付近と考えられる。

賢治がイーハトーヴの物語を通して追い求めた理想。㋐それは、人間がみんな人間らしい生き方ができる社会だ。それだけでなく、人間も動物も植物も、たがいに心が通い合うような世界が、賢治の夢だった。一本の木にも、身を切られるときの痛みとか、ひなたぼっこのここちよさとか、いかりとか、思い出とか、㋑そういうものがきっとあるにちがいない。賢治は、その木の心を自分のことのように思って、物語を書いた。

[あ]、時代は、賢治の理想とはちがう方向に進んでいた。さまざまな機械の自動化が始まり、鉄道や通信が発達した。なんでも、早く、合理的にできることがよいと思われるような世の中になった。㋒そんな世の中に、賢治の理想は受け入れられなかった。

初めのころ、賢治は、自分が書いた童話や詩の原稿《こう》をいくつかの出版社に持ちこんだ。でも、どの出版社でも断られた。しかたなく、賢治は、自分で㋓二冊の本を出す。童話集「注文の多い料理店」、詩集「春と修羅《しゅら》」。でも、これもほとんど売れなかった。それどころか、ひどい批評の言葉が返ってくる。自分の作品が理解されないことに、賢治は傷ついた。次に出すつもりで準備を整えていた詩集も、出すのをやめた。

（令和六年度版　光村図書　国語　六　創造　畑山　博）

名前

1 「銀河鉄道の夜」は、賢治がどのような状況のときに書いた作品ですか。（10）

（大切な妹トシをなくして、悲しみのどん底にいたとき。）

2 ㋐それについて、答えましょう。（10×2）

(1) 何を指していますか。

（賢治がイーハトーヴの物語を通して追い求めた理想。）

(2) どんな社会のことですか。

（人間がみんな人間らしい生き方ができる社会。）

3 ㋑そういうものとはどんなものですか。四つ書きましょう。（5×4）

（身を切られるときの痛み）

（ひなたぼっこのここちよさ）

（いかり）（思い出）

4 [あ]にあてはまるつなぎ言葉を、[　]から選んで書きましょう

だから　そして　けれども

（けれども）

5 ㋒そんな世の中とは、どんな世の中ですか。（10）

（なんでも、早く、合理的にできることがよいと思われるような世の中。）

6 ㋓二冊の本について、答えましょう。

(1) 本のタイトルを書きましょう。（5×2）

（「注文の多い料理店」）

（「春と修羅」）

(2) その本は、売れましたか。（5）

（ほとんど売れなかった。）

(3) 二冊の本を出して、賢治はなぜ傷ついたのですか。（10）

（ひどい批評の言葉が返ってきて、自分の作品が理解されなかったから。）

(4) 二冊の本の批評を受けて、賢治は何をしましたか。（10）

（次に出すつもりで準備を整えていた詩集を、出すのをやめた。）

30頁

イーハトーヴの夢 ②

農業に対する考え方にも、変化が起こっていた。

「一度に大勢の生徒を相手に理想を語ってもだめだ。理想と現実の農業はちがう。実際に自分も農民になって、自分で耕しながら人と話さなければ。」㋐そう思った賢治は、三十さいのとき農学校をやめ、「羅須地人《らすちじん》協会」という協会をつくる。農家の若者たちを集め、自分も耕しながら勉強する。㋑それが賢治の目的だった。

協会に集まった農村の青年は三十人ほど。そこで賢治は、農業技術を教え、土とあせの中から新しい芸術を生み出さなければならないことを語った。農民の劇《げき》団をつくったり、みんなで歌やおどりを楽しんだりした。

毎日、北上川《きたかみがわ》沿いのあれ地を耕し、真っ黒に日焼けし、土のにおいをぷんぷんさせる㋒賢治。でもそれは、長くは続かなかった。病気のために、ねこんでしまったのだ。

羅須地人協会は、二年ほどで閉じなければならなくなった。でも次の年、病気が少しよくなると、㋓起き出して村々を歩き回った。

「あなたのこの田んぼは、こういう特徴《ちょう》があるから、今年は、こういう肥料をこのくらいやりなさい。」と、一人一人に教えてあげる㋔ボランティアだ。同時に、賢治は、石灰《かい》肥料会社の共同経営者になって、セールスに歩き回る。石灰肥料は土地改良に役立つものだったので、㋕それを広めることが農民のためになると考えたのだ。岩手県内だけでなく、東北一帯を、毎日毎日飛び回った。

（令和六年度版　光村図書　国語　六　創造　畑山　博）

名前

1 ㋐そう思った賢治について、答えましょう。

(1) 賢治は何と思ったのですか。（　）にあてはまる言葉を書きましょう。（5×5）

「一度に（大勢）の生徒を相手に（理想）を語ってもだめだ。理想と（現実）の農業はちがう。実際に自分も（農民）になって、自分で（耕しながら）人と話さなければ。」

(2) (1)と思った賢治は、何をつくりましたか。（5）

（「羅須地人協会」）

2 ㋑それとは、何を指していますか。（10）

（農家の若者たちを集め、自分も耕しながら勉強すること。）

3 賢治は、協会に集まった三十人ほどの農村の青年に何を教え、何を語りましたか。（5×2）

・教えたこと

（農業技術）

・語ったこと

（土とあせの中から新しい芸術を生み出さなければならないこと。）

4 ㋒賢治について、答えましょう。（5×2）

(1) 毎日、賢治は何をしましたか。

（北上川沿いのあれ地を耕した。）

(2) (1)の後、賢治はどうなりましたか。

（その仕事は長くは続かず、病気のために、ねこんでしまった。）

5 ㋓起き出して村々を歩き回ったのは、だれですか。（10）

（宮沢）賢治

6 ㋔ボランティアについて、答えましょう。（10×2）

(1) だれがしましたか。

（宮沢）賢治

(2) どんなボランティアですか。

（田んぼの特徴をもとに肥料について、一人一人に教えてあげるボランティア。）

7 ㋕それとは、何を指していますか。（10）

（土地改良に役立つ石灰肥料）

解答例

本書の解答は，あくまでもひとつの例です。児童に取り組ませる前に，必ず指導される方が問題を解いてください。指導される方の作られた解答をもとに，児童の多様な考えに寄り添って〇つけをお願いします。

31頁

イーハトーヴの夢 ③

そのために、またまた体をこわしてしまう。三十五さい。ついに、㋐旅先で発熱。起き上がることができなくなった。もうだめかもしれないと思って、遺書を書くほどの衰《すい》弱ぶりだった。どうにかやっと自分をはげまして、花巻に帰ったけれど、それっきりとこをはなれることができなくなった。

そのまま二年間、賢治は病気とたたかうが、体はますます弱っていった。あ、一九三三年（昭和八年）九月二十一日が来る。

㋑前の晩、急性肺炎《えん》を起こした賢治は、呼吸ができないほど苦しんでいた。い、夜七時ごろ、来客があった。見知らぬ人だったけれど、「肥料のことで教えてもらいたいことがある。」と言う。う賢治は、着物を着がえて出ていき、一時間以上も、ていねいに教えてあげた。

それで、最後の力を出し切ってしまったのかもしれない。㋒翌日の朝、賢治は、激しく血をはいてしまう。心配した家族は、全員が家の二階の病室に集まった。それで安心したのか、賢治は少し落ち着いた。みんなはまた階下にもどっていった。母親のイチだけが残った。㋓その母に、賢治は、

「お母さん、すまないけど、水を一ぱいください。」

と言った。そして、母が差し出した水を、おいしそうに飲んだ。

それから、オキシドールを消毒綿に付けて、手をふき、首をふき、体全体をきれいにふいた。

「ああ、いい気持ちだ。ああ、いい気持ちだ。」

それが㋔最後の言葉だった。

午後一時三十分。死のとことなった部屋のかたすみには、生きているうちには、ついに本になることのなかった名作の数々、㋕その原稿がうずたかく積まれ、静かに、秋の日差しの中で、光っていた。

（令和六年度版　光村図書　国語　六　創造　畑山　博）

□1 ㋐旅先で発熱した後、賢治は何をしましたか。二つ書きましょう。（10×2）

（遺書を書く。）

（花巻に帰る。）

□2 あ～うにあてはまるつなぎ言葉を□から選んで書きましょう。（5×3）

なのに　すると　そして

あ（そして）　い（なのに）　う（すると）

□3 ㋑前の晩について、答えましょう。

(1) 何年何月何日ですか。（10）

（一九三三）年（九）月（二十）日

(2) 賢治は見知らぬ人に何を教えましたか。（10）

（肥料のこと。）

□4 ㋒翌日の朝は、何年何月何日ですか。（10）

（一九三三）年（九）月（二十一）日

□5 ㋓その母に、賢治は何と言って、何をしましたか。（10）

（「お母さん、すまないけど、水を一ぱいください。」と言って、母が差し出した水を、おいしそうに飲んだ。）

□6 賢治が言った㋔最後の言葉を、文中から抜き出しましょう。（10）

（「ああ、いい気持ちだ。ああ、いい気持ちだ。」）

□7 ㋕その原稿とは、どんな原稿ですか。（15）

（生きているうちには、ついに本になることのなかった名作の数々の原稿。）

名前

31

32頁

熟語の成り立ち ①

□1 次の成り立ちにあう熟語を□から選んで書きましょう。（3×12）

㋐ 似た意味の漢字の組み合わせ

寒冷　仁愛　自己

㋑ 意味が対《つい》になる漢字の組み合わせ

縦横　苦楽　玉石

㋒ 上の漢字が下の漢字を修飾《しょく》する関係にある組み合わせ

山頂　裏庭　強敵

㋓ 「――を」「――に」に当たる意味の漢字が下に来る組み合わせ

洗顔　養蚕　除雪

山頂　縦横　洗顔　寒冷
苦楽　裏庭　養蚕　玉石
仁愛　除雪　自己　強敵

□2 次の熟語の成り立ちを□から選んで、（　）に記号を書きましょう。（2×10）

（ウ）温泉　（ア）忠誠　（エ）読書　（イ）勝負　（エ）帰国

（イ）苦楽　（ウ）大声　（ウ）休日　（エ）着席　（ア）絵画

㋐ 似た意味の漢字の組み合わせ
㋑ 意味が対になる漢字の組み合わせ
㋒ 上の漢字が下の漢字を修飾する関係にある組み合わせ
㋓ 「――を」「――に」に当たる意味の漢字が下に来る組み合わせ

□3 次の熟語の成り立ちを□から選んで、（　）に記号を書きましょう。（4×5）

（イ）運動場　（ア）不安定　（ウ）衣食住　（ア）新記録　（イ）近代化

㋐ 二字の語の頭に一字を加えた熟語
㋑ 二字の語の後ろに一字を加えた熟語
㋒ 一字の語の集まりから成る熟語

□4 次の□にあてはまる打ち消しの語を□から選んで書きましょう。（3×4）

① 非常識　② 未解決　③ 無意識　④ 不安定

不　未　無　非

□5 次の□に「的」「化」のどちらかを入れて、熟語を作りましょう。（3×4）

① 複雑化　② 利己的　③ 意欲的　④ 高齢化

名前

32

33頁

熟語の成り立ち ②

□1 次の熟語は、いくつかの語が集まってできています。〈例〉のように、書きましょう。（3×7）

〈例〉高性能 →（高）+（性能）

① 新聞社 →（新聞）+（社）

② 低学年 →（低）+（学年）

③ 市町村 →（市）+（町）+（村）

④ 再利用 →（再）+（利用）

⑤ 銀河系 →（銀河）+（系）

⑥ 加盟国 →（加盟）+（国）

⑦ 松竹梅 →（松）+（竹）+（梅）

□2 次の□に、打ち消しの語（不・無・未・非）のどれかを入れて、三字の熟語を作りましょう。（5×4）

① 無責任　② 非課税　③ 不公平　④ 未発表

□3 次の□に（的・化・性）のどれかを入れて、三字の熟語を作りましょう。（5×4）

① 可能性　② 典型的　③ 温暖化　④ 危険性

□4 次の熟語の成り立ちを□から選んで、（　）に記号を書きましょう。（3×6）

（イ）新聞記者　（イ）紙飛行機　（ア）都道府県　（イ）地球温暖化　（ア）春夏秋冬　（イ）国民体育大会

㋐ 一字の語の集まりから成る熟語
㋑ いくつかの語の集まりから成る熟語

□5 次の熟語は、いくつかの語が集まってできています。〈例〉のように、書きましょう。（3×7）

〈例〉国語辞典 →（国語）+（辞典）

① 株式会社 →（株式）+（会社）

② 海水浴客 →（海水浴）+（客）

③ 東西南北 →（東）+（西）+（南）+（北）

④ 納税義務 →（納税）+（義務）

⑤ 宇宙飛行士 →（宇宙）+（飛行）+（士）

⑥ 下水処理場 →（下水）+（処理）+（場）

⑦ 図書館司書 →（図書）+（館）+（司書）

名前

33

34頁

伝えにくいことを伝える

● 次の文章を読んで答えましょう。

私たちの日常生活では、相手の考えや行動に対して否定的な意見を言うなど、あ少し伝えにくいことを伝えなければならないときがあります。

ここでは、ボールの使い方に関する場面を例に、考えてみましょう。

どのように言うと、自分の伝えたいことを相手に受け止めてもらえるでしょう。次のように言うと、相手はどう感じるでしょうか。

㋐ いつも自分たちだけがボールを持っていくのはずるい。自分勝手だよ。

㋑ いいなあ。ぼくもボールで遊びたいなあ。

㋒ 他にもボールを使いたい人がいるんじゃないかな。使い方のルールを決めようよ。

□1 あ少し伝えにくいことを伝えなければならないときとは、どんなときですか。（15）

（相手の考えや行動に対して否定的な意見を言うとき。）

□2 Aさんは、ボールの使い方について、どんなところが問題だと考えていますか。（15）

（ボールはクラスに一つしかないのに、いつも同じ人が使っているところ。）

□3 次の文の説明は、文中の㋐～㋒のどの言い方にあてはまりますか。記号で答えましょう。（15×3）

（ウ）自分が伝えたいことを伝えられる。ボールの使い方のルールが決まって、みんなが気持ちよく使えるようになるかもしれない。

（ア）自分の伝えたいことは伝わるが、けんかになったり相手との関係が気まずくなるかもしれない。

（イ）相手はいやな思いをしないが、自分の思いや要求が正確に伝わらないかもしれない。

□4 次の文章は、伝えにくいことを伝えるときに大切なことをまとめたものです。（　）にあてはまる言葉を□から選んで書きましょう。（5×5）

伝えにくいことを伝えるときには、相手に（正確）に伝わり、また、（冷静）に受け止めてもらえるように話すことが大切です。気持ちをぶつけるのではなく、次のように冷静に説明してみましょう。

①（事実）を具体的に説明する。

② 自分の気持ちや（考え）を述べる。

③ 自分の（希望）を伝える。

考え　正確　事実　希望　冷静

（令和六年度版　光村図書　国語　六　創造　「伝えにくいことを伝える」による）

名前

34

本書の解答は，あくまでもひとつの例です。児童に取り組ませる前に，必ず指導される方が問題を解いてください。指導される方の作られた解答をもとに，児童の多様な考えに寄り添って○つけをお願いします。

35頁

話し言葉と書き言葉

名前

① 次の文は、話し言葉と書き言葉のうち、どちらの説明をしたものですか。話し言葉には（は）、書き言葉には（か）と（　）に書きましょう。(5×6)

（か）ふつう、共通語で書く。

（は）ふつう、相手に応じた言葉づかいをする。

（は）声の大きさや上げ下げ、間の取り方などで、気持ちを表すことができる。

（か）読み手は後から何度も内容を確かめられる。

（か）誤解をあたえないように語順や構成を整えたり、誤字に注意する必要がある。

（は）相手の反応を見ながら話ができ、言いまちがいをすぐに直したり、ちがう言い方で説明したりすることができる。

② 話し言葉は、「こそあど言葉」で表すことができます。「こそあど言葉」の説明として、正しいもの二つに○をつけましょう。(10×2)

（○）人物や物事を指し示す言葉。

（　）方角を指す指示語には、「この」、「あの」などがある。

（○）話し手・聞き手と物事とのきょりによって使い分けられる。

③ デジタル機器を使って、短い文をやり取りする際に気をつけるべきことについて、正しい方に○をつけましょう。(15)

（　）文字から表情や声の調子を伝えることができるので、自分の感情がはっきりと伝わる表現を選ぶ。

（○）誤解が生まれないように、相手がどう受け止めるかを考えて、表現を選ぶ。

④ 次の文章は、話し言葉と書き言葉のどちらですか。話し言葉には（は）、書き言葉には（か）と（　）に書きましょう。(10×2)

（か）明日のお楽しみ会では、五百円以内のプレゼントを持って来てください。プレゼント交換を行います。

（は）明日のお楽しみ会で、プレゼント交換をするよ。だから、みんなプレゼントを持ってきてね。あ、プレゼントは五百円以内だよ。

⑤ 次の文章は、親しい人に向けて話したものです。これを全校児童に伝える文章にするために、適切な表現に変えて、書き直しましょう。(15)

> ろう下を走る人がいっぱいいるよ。危ないし、ぶつかってけがをした人もいたみたい。見かけたら注意をしてるけど、ぜんぜんダメ。どうしたら、ろう下を安全に歩けるようになるんだろう。

（例）

（ろう下を走る人がたくさんいます。危ないですし、ぶつかってけがをした人もいたようです。見かけたら注意をしていますが、まったく効果がありません。どうしたら、ろう下を安全に歩けるようになるのでしょうか。）

35

36頁

古典芸能の世界

名前

① 次の文章を読んで答えましょう。

能
能は、室町《むろまち》時代に行われるようになった演劇で、主役の多くは神や死者です。登場人物の他に、歌や楽器の担当《たん》など、十数人が登場します。主人公の多くは、能面を用います。顔の向きを変えることで表情の変化を表現し、観客は、そこから登場人物の気持ちを想像します。

歌舞伎《かぶき》
歌舞伎は、江戸時代に誕生した、音楽やおどり、登場人物のせりふやしぐさといった要素を合わせた演劇です。歌舞伎には、独特な演出や演技があります。

隈取《くまどり》
筋《きん》肉などを強調した表現で、表情や役がらを印象づける化粧《けしょう》のしかた。

見得《みえ》
見せ場で体の動きを止めて、目を大きく開いてにらむ動き。

（令和六年度版　光村図書　国語　六　創造　「古典芸能の世界」による）

(1) 能には、どんな人が登場しますか。（　）にあてはまる言葉を書きましょう。(5×2)
（登場人物）の他に、（歌や楽器の担当）など。

(2) 能面を用いて顔の向きを変えることで、どんな効果がありますか。(10)
（表情の変化を表現し、観客にそこから登場人物の気持ちを想像させる効果。）

(3) 歌舞伎は、どのような要素を合わせた演劇ですか。四つ書きましょう。(5×4)
（音楽）（おどり）（登場人物のせりふ）（登場人物のしぐさ）

(4) 次の文は、隈取、見得のどちらについて説明したものですか。隈取には（く）、見得には（み）と（　）に書きましょう。(6×4)
（み）見せ場での動き。

（く）化粧のしかた。

（く）筋肉などを強調した表現。

（み）体の動きを止めて、目を大きく開く。

② 次の文章は、昔から続いている三つの古典芸能について特色をまとめたものです。（　）にあてはまる言葉を□から選んで書きましょう。(3×12)

	始まった時代	特色
狂《きょう》言	（室町）時代	・観客を笑わせる（喜劇）。 ・何もない舞《ぶ》台の上で、役者自身が、動物の（鳴き声）や鐘《かね》の音などを声に出して表現する。
人形浄瑠璃《じょうるり》（文楽《ぶんらく》）	江戸《えど》時代	・せりふや場面の様子などを語る（「太夫」）、伴《ばん》奏の（「三味線」）、（人形）をあやつる（「人形つかい」）により演じられる。
落語	（江戸）時代	・（身ぶり）を交えて一人で語る芸。 ・（笑える話）が多く、最後は、（しゃれ）や意外な結末など、（「落ち」）とよばれる効果的な表現でしめくくられる。

江戸　室町　人形　落ち　身ぶり　太夫《たゆう》　喜劇　三味線《しゃみせん》　鳴き声　笑える話　しゃれ　人形つかい

36

37頁

狂《きょう》言「柿山伏《かきやまぶし》」を楽しもう

名前

● 「柿山伏」の一部を読んで答えましょう。

登場人物
シテ（主役）　山伏
アド（相手役）　柿主

修《しゅ》行を終えたばかりの山伏が、空腹のあまりに、柿の木に登って柿を食べていたところ、柿主に見つかってしまった。

柿主　やい、やい、やい、やい。
山伏　そりゃ、見つけられたそうな。かくれずはなるまい。（と、顔をかくす。）
柿主　さればこそ、（あ）顔をかくいた。あの柿の木のかげへかくれたを、（い）ようよう見れば、人ではないと見えた。
山伏　まず（う）落ち着いた。人ではないと申す。
柿主　あれは　からすじゃ。
山伏　やあ、からすじゃと申す。
柿主　からすならば鳴くものじゃが、おのれは鳴かぬか。
山伏　これは鳴かずは　なるまい。
柿主　おのれ、鳴かずは人であろう。その弓矢を（え）おこせ、一矢《ひとや》に射殺いてやろう。
山伏　こかあ、こかあ、こかあ、こかあ。
柿主　（笑って）　さればこそ、鳴いたり鳴いたり。また、あれをようよう見れば、からすではのうてさるじゃ。
山伏　やあ、今度はさるじゃと申す。
柿主　さるならば、（お）身せせりをして鳴くものじゃが、おのれは鳴かぬか。
山伏　身せせりをして、鳴かずは　なるまい。
柿主　おのれ、鳴かずは人であろう。そのやりを持てこい、つき殺いてやろう。
山伏　（手でこしをかくようにしながら）　きゃあ、きゃあ、きゃあ、きゃあ。
柿主　（笑って）　鳴いたり鳴いたり。さてさて（か）きゃつは、物まねの上手なやつじゃ。

（令和六年度版　光村図書　国語　六　創造　「狂言『柿山伏』を楽しもう」による）

① （あ）〜（か）の言葉の意味を□から選んで書きましょう。(5×6)

（あ）（かくした）　（い）（よくよく）

（う）（安心した）　（え）（よこせ）

（お）（毛づくろい）　（か）（あいつ）

安心した　あいつ　かくした
よこせ　よくよく　毛づくろい

② 山伏は、どこにかくれましたか。(15)

（柿（かき）の木のかげ）

③ 山伏が鳴きまねをした動物の名前を□に書きましょう。また、その動物のまねをしたときの鳴き声を（　）に書きましょう。(5×4)

・［からす］（こかあ、こかあ、こかあ、こかあ。）
・［さる］（きゃあ、きゃあ、きゃあ、きゃあ。）

④ 山伏が、からすの鳴きまねをしたのはなぜですか。理由となる柿主の言葉を文中から二文で抜き出しましょう。(15)

（おのれ、鳴かずは人であろう。その弓矢をおこせ、一矢に射殺いてやろう。）

⑤ この作品の説明について、正しいもの二つに○をつけましょう。(10×2)

（○）観客を笑わせる喜劇である。

（　）観客を泣かせる悲劇である。

（　）人は、追いつめられると罪を正直に告白するものだということをたとえている。

（○）人は、追いつめられると罪をかくそうとこっけいな姿をさらすものだということをたとえている。

37

38頁

『鳥獣戯画《ちょうじゅうぎが》』を読む ①

名前

はっけよい、のこった。秋草の咲《さ》き乱れる野で、蛙《かえる》と兎《うさぎ》が㋐相撲《すもう》をとっている。蛙が外掛《が》け、すかさず兎は足をからめて返し技《わざ》。その名はなんと、㋑かわづ掛け。おっと、蛙が兎の耳をがぶりとかんだ。㋒この反則技に、たまらず兎は顔をそむけ、ひるんだところを蛙が——。

墨《すみ》一色、抑揚《よくよう》のある線と濃淡《のうたん》だけ、のびのびと見事な筆運び、その気品。みんな生き生きと躍《やく》動していて、まるで人間みたいに遊んでいる。［あ］、こんなに人間くさいのに、何から何まで本物の生き物のまま。耳の先だけがぽちんと黒いのは、白い冬毛の北国の野ウサギ。蛙はトノサマガエル。まだら模様があって、いく筋か背中が盛り上がっている。ただの空想ではなく、ちゃんと動物を観察したうえで、骨格も、手足も、毛並みも、ほぼ㋓正確にしっかりと描《えが》いている。［い］、この絵を見ると、さっきまで四本足で駆《か》けたり跳《と》びはねたりしていた本当の兎や蛙たちが、今ひょいと立って遊び始めたのだとしか思えない。

この絵は、『鳥獣人物戯画』甲《こう》巻、通称《しょう》の『鳥獣戯画』の一場面。㋔『鳥獣戯画』は、「漫《まん》画の祖」とも言われる国宝の絵巻物だ。なぜ漫画の祖とよばれているのか、この一場面を見ただけでもわかる。

（令和六年度版　光村図書　国語　六　創造　高畑　勲）

① ㋐相撲をとっているとありますが、相撲のかけ声を文中から抜き出しましょう。(10)

（はっけよい、のこった。）

② ㋑かわづ掛けについて、答えましょう。(10×2)

(1) かわづ掛けをしたのは、だれですか。
（兎）

(2) どんな技ですか。
（相手が）外掛けをしたところに、すかさず足をからめて返し技をすること。

③ ㋒この反則技とは、どんなことですか。(10)

（蛙が兎の耳をがぶりとかんだこと。）

④ あ・いにあてはまるつなぎ言葉を□から選んで書きましょう。(5×2)

あ（けれども）　い（だから）

だから　すると　けれども

⑤ 上の絵の中で、次の動物にはどんな特色がありますか。文中から抜き出しましょう。(10×2)

(1) 白い冬毛の北国の野ウサギ
（耳の先だけがぽちんと黒い。）

(2) トノサマガエル
（まだら模様があって、いく筋か背中が盛り上がっている。）

⑥ ㋓何を正確に描いていますか。三つ書きましょう。(5×3)

動物の①（骨格）・②（手足）・③（毛並み）

⑦ ㋔『鳥獣戯画』は、どんな絵巻物ですか。文中から抜き出しましょう。(15)

（「漫画の祖」とも言われる国宝の）絵巻物

38

本書の解答は，あくまでもひとつの例です。児童に取り組ませる前に，必ず指導される方が問題を解いてください。指導される方の作られた解答をもとに，児童の多様な考えに寄り添って○つけをお願いします。

39頁

『鳥獣戯画《ちょうじゅうぎが》』を読む ②

名前

もう少しくわしく絵を見てみよう。まず、兎《うさぎ》を投げ飛ばした蛙《かえる》の口から線が出ているのに気がついたかな。いったい㋐これはなんだろう。けむりかな、[あ]息かな。ポーズだけでなく、目と口の描き方で、蛙の絵には、投げ飛ばしたとたんの㋑激しい気合いがこもっていることがわかるね。そう、きっとこれは、「ええい！」とか、「ゲロロッ」とか、気合いの声なのではないか。まるで漫画《まん》のふき出しと同じようなことを、こんな昔からやっているのだ。

㋒もんどりうって転がった兎の、背中や右足の線。勢いがあって、絵が止まっていない。動きがある。

[い]、投げられたのに目も口も笑っている。それがはっきりとわかる。そういえば、前の絵の、応援《えん》していた兎たちも笑っていた。ほんのちょっとした筆さばきだけで、見事にそれを表現している。たいしたものだ。では、なぜ、兎たちは笑っていたのだろうか。蛙と兎は仲良しで、この相撲《すもう》も、対立や真剣《けん》勝負を描いているのではなく、蛙のずるをふくめ、あくまでも和気あいあいとした遊びだからにちがいない。

絵巻の絵は、くり広げるにつれて、右から左へと時間が流れていく。ではもう一度、この場面の全体を見てみよう。まず、「おいおい、それはないよ」と、笑いながら抗議《こう》する応援の兎が出てきて、その先を見ると、相撲の蛙が兎の耳をかんでいる。そして、その蛙が激しい気合いとともに兎を投げ飛ばすと、兎は応援蛙たちの足元に転がって、三匹《ひき》の蛙は㋓それに反応する。一枚の絵だからといって、ある一瞬《しゅん》をとらえているのではなく、次々と時間が流れていることがわかるだろう。

(D)(A)(B)　(E)　(C)

（令和六年度版　光村図書　国語　六　創造　高畑　勲）

1 (1) ㋐これについて、答えましょう。 (10×2)

何を指していますか。

（兎を投げ飛ばした蛙の口から出ている線。）

(2) 筆者は何の声なのではないかと言っていますか。

（気合い）の声

2 蛙の絵には、㋑激しい気合いがこもっているとありますが、それは何の描き方からわかりますか。文中から抜き出しましょう。 (15)

（ポーズだけでなく、目と口の描き方）

3 ㋒もんどりうって転がったとは、どんな意味ですか。正しいものに○をつけましょう。 (15)

（　）前に引きたおされて転がった。

（○）くるっと回って転がった。

（　）坂道をくるくると転がった。

4 上の絵の（　）の中に、次のA～Eの記号を入れましょう。 (5×5)

A　兎が応援蛙たちの足元に転がる。

B　蛙が兎を投げ飛ばす。

C　「おいおい、それはないよ」と、笑いながら抗議する応援の兎。

D　三匹の蛙がそれに反応する。

E　蛙が兎の耳をかむ。

5 ㋓それとは、何を指していますか。 (15)

（蛙に投げ飛ばされた兎が応援蛙の足元に転がったこと。）

6 [あ]、[い]にあてはまるつなぎ言葉を[　]から選んで書きましょう。 (5×2)

あ（それとも）　い（しかも）

しかも　けれど　それとも

40頁

カンジー博士の漢字学習の秘伝 ①

名前

1 線の数や点があるかないか、つき出すかつき出さないか等に気をつけて、□にあてはまる漢字を書きましょう。 (3×20)

①
- [講]《こう》演会を聞きに行く。
- 目標を[達]《たっ》成する。
- 図形の面[積]《せき》を求める。
- 新しい生活に[慣]《な》れる。
- [難]《なん》題に取り組む。

②
- [博]《はく》物館を見学する。
- 地[域]《いき》の歴史を調べる。
- [機]《き》械を修理する
- [初]《はつ》日の出を見る。
- [専]《せん》門家の意見を聞く。

③
- 鉄[棒]《ぼう》で逆上がりをする。
- ピアノを演[奏]《そう》する。
- 生活習慣を改[善]《ぜん》する。
- [垂]《すい》直な線を引く。
- 手を合わせて[拝]《おが》む。

④
- [蒸]《じょう》気機関車が走る。
- 人[脈]《みゃく》を広げる。
- 銀行に[就]《しゅう》職する。
- [危]《き》険な場所には近づかない。
- 子どもは、[純]《じゅん》粋だ。

2 次の——線の言葉を漢字と送りがなで書くとき、送りがなが正しい方に○をつけましょう。 (5×3)

(1) 新しい政策をこころみる。
（　）試る　（○）試みる　（　）試ろみる

(2) 辞書で意味をたしかめる。
（　）確る　（　）確める　（○）確かめる

(3) みずから意見を出す。
（○）自ら　（　）自から　（　）自ずから

3 次の——線の言葉を、漢字と送りがなで書きましょう。 (5×5)

(1) 原因があきらかになる。（明らか）

(2) ふたたび事件が起こる。（再び）

(3) かならず夢をかなえる。（必ず）

(4) 田舎の実家にかえる。（帰る）

(5) 早朝に目がさめる。（覚める）

41頁

カンジー博士の漢字学習の秘伝 ②

名前

1 ——線の言葉の読みがなを書きましょう。 (2×20)

(1)
- 打ち上げ花火。（はなび）
- 火事が起こる。（かじ）

(2)
- 郵便配達。（ゆうびん）
- 不便な場所。（ふべん）

(3)
- 行列に並ぶ。（ぎょうれつ）
- 親孝行をする。（こうこう）

(4)
- 家賃をはらう。（やちん）
- 家路に着く。（いえじ）
- 画家になる。（がか）

(5)
- 作業を手伝う。（さぎょう）
- 料理を作る。（つく）
- グラフを作成する。（さくせい）

(6)
- 白米が好きだ。（はくまい）
- 米俵をかつぐ。（こめだわら）
- 全米が泣いた映画。（ぜんべい）

(7)
- 金具で固定する。（かなぐ）
- 宝石が黄金に光る。（おうごん）
- 金額を計算する。（きんがく）

(8)
- 作物が育つ。（さくもつ）
- 物資を送る。（ぶっし）

2 ——線の言葉を、それぞれ送りがなをふくめた漢字に直して書きましょう。 (3×20)

(1)
- 六時に目がさめる。（覚める）
- スープがさめる。（冷める）

(2)
- 姉は、明るいせいかくだ。（性格）
- せいかくに計算する。（正確）

(3)
- 体育いがいは得意だ。（以外）
- いがいとおいしい。（意外）

(4)
- 問題にかいとうする。（解答）
- 調査にかいとうする。（回答）

(5)
- やさしい問題。（易しい）
- 田中さんは、やさしい。（優しい）

(6)
- 工場につとめる。（勤める）
- 委員長をつとめる。（務める）
- 研究につとめる。（努める）

(7)
- 左右たいしょうの図形。（対称）
- たいしょう的な性格。（対照）
- たいしょう年齢。（対象）

(8)
- 国をおさめる。（治める）
- 学問をおさめる。（修める）
- 税金をおさめる。（納める）
- 費用を予算内におさめる。（収める）

42頁

季節の言葉3　秋の深まり

名前

1 ①～③の言葉の読みを［　］に書きましょう。また、その意味を説明する文章について、㋐～㋖の（　）にあてはまる言葉を下の[　]から選んで書きましょう。 (①～③5×3　㋐～㋖5×7)

① 立秋（八月八日ごろ）［りっしゅう］
こよみのうえで、㋐（秋）が始まる日。まだ㋑（残暑）は厳しいが、ふく風に、秋が近いことが感じられるようになる。

② 秋分（九月二十三日ごろ）［しゅうぶん］
昼と夜の㋒（長さ）がほぼ等しくなる。これより後は、㋓（夜）の時間が長くなっていく。秋の㋔（ひがん）の中日《ちゅうにち》である。

③ 寒露（十月八日ごろ）［かんろ］
冷気に当たって、㋕（つゆ）もこおりそうになるころ。木々の葉も、㋖（紅葉）したり、落葉したりするようになる。

夜　秋　ひがん　残暑　紅葉《こう》　つゆ　長さ

2 季節を区切る二十四節気《にじゅうしせっき》とその説明です。あてはまるものを——線で結びましょう。 (5×3)

① 処暑《しょしょ》（八月二十三日ごろ）
② 白露《はくろ》（九月八日ごろ）
③ 霜降《そうこう》（十月二十三日ごろ）

- 草木の葉につゆが結ぶころ。このころから、だんだん秋らしい感じが増してくる。
- しもが降りるころ。虫の音が減り、寒さが増して、冬が近づいてきたことを感じられるようになる。
- 暑さがやむという意味。立秋から十五日目に当たる。このころから、すずしくなり始める。

（解答：①—暑さがやむという意味。②—草木の葉につゆが結ぶころ。③—しもが降りるころ。）

3 次の短歌、俳句について、答えましょう。

㋐ ことはに／吹《ふ》く夕暮《ぐれ》の／風なれど／㋮秋立つ日こそ／涼《すず》しかりけれ
藤原《ふじわらの》 公実《きんざね》

㋑ 白露《しらつゆ》や／茨の刺《とげ》に／一つづ《ず》つ
与謝《よさ》 蕪村《ぶそん》

(1) ㋐の短歌を五・七・五・七・七、㋑の俳句を五・七・五のリズムで読めるように、「／」線で区切りましょう。 (10)

(2) ㋐の短歌について、㋮秋立つ日とは、二十四節気のうち、いつのことを指していますか。漢字二文字で書きましょう。 (10)

立秋

(3) ㋑の俳句について、秋の季語を抜き出しましょう。 (15)

（白露）

（令和六年度版　光村図書　国語　六　創造「季節の言葉3　秋の深まり」による）

43頁

ぼくのブック・ウーマン ①

名前

● 教科書の「ぼくのブック・ウーマン」の次の文章を読んで、答えましょう。

〔ぼくの家があるのは、山のずっと高い所だ。…〕
〜
〔…なんと勇ましいんだろうと、ぼくは思った。〕

1 「ぼく」について、正しいもの三つに○をつけましょう。(4×3)

(○) 名前は、「カル」である。
(○) 長男である。
( ) 本が好きで、一日中本ばかり読んでいる。
(○) 父さんの手伝いをしている。

2 カルの家族は、カルをふくめて何人ですか。( )に漢数字を書きましょう。(5)

(九)人

3 カルは、家族のために何をしていますか。三つ書きましょう。(5×3)

(畑を耕す。)
(迷子になった羊を探す。)
(日が暮れる前に、牛をなやにもどす。)

4 父さんは口ぐせのように言うとありますが、父さんの口ぐせを文中から抜き出しましょう。(10)

(「こんなに本が好きな子は、見たことがない。」)

5 赤土色をした馬にまたがっている女の人は、どんな服装をしていましたか。(10)

(ひざたけのズボンをはいていた。)

6 バッグの中からこぼれ出た物とは、何ですか。文中から一文字で抜き出しましょう。(5)

本

7 父さんが「物々交換しよう。」と言ったとき、カルと女の人はどんな反応をしましたか。(5×2)

カル　(背中の後ろで)にぎりこぶしを固めた。
女の人　(きっぱりと)首を横にふった。

8 ぼくは、背中の後ろでにぎりこぶしを固めたとありますが、ここから「ぼく」のどんな気持ちが分かりますか。正しいものに○をつけましょう。(5)

( ) うれしい気持ち
( ) はずかしい気持ち
(○) 腹立たしい気持ち

9 次の文で、カルにあてはまるものは㋕、ラークなら㋶、女の人なら㋛と書きましょう。(4×7)

(女) 二週間たったら、本を交かんしに来る。
(ラ) ひまさえあれば、一日中本ばかり読んでいる。
(カ) 女の人が乗っている馬は、なんと勇ましいんだろうと思う。
(女) こごえそうに寒い日も、本を交かんしに来る。
(カ) 母さんにパイを作ってもらうために、キイチゴをつんできた。
(女) 父さんが何をあげようと言っても、受け取ろうとしない。
(ラ) 女の人のバッグの中からこぼれ出た物を見て、その宝物をつかもうと思わず手をのばした。

43

44頁

ぼくのブック・ウーマン ②

名前

● 教科書の「ぼくのブック・ウーマン」の次の文章を読んで、答えましょう。

〔やがて、冬をむかえた。雪が積もって、…〕
〜
〔…思わず、ぼくもほほえみ返した。〕

1 やがて、冬をむかえたとありますが、風がどんな音を立ててふいていますか。(10)

(ヤマネコの鳴き声みたいな音。)

2 ぼくたち家族は、家から一歩も外へ出られないとありますが、なぜ出られないのですか。(10)

(雪が積もり、すごいふぶきだから。)

3 女の人が、ドアのすき間から本を手わたしたのはなぜですか。(10)

(家の中に冷たい風が入りこまないようにするため。)

4 「ぼく」は、馬だけでなく、どんな人も勇気があると思いましたか。文中からカタカナで抜き出しましょう。(10)

(ブック・ウーマン)

5 自分でも不思議に思うけれど、でも、本当なんだとありますが、何が本当なのですか。(10)

(カルは、ほとんど毎日、家にこもりっきりの生活をしていたのに、気にならなかったこと。)

6 思い切って自分の気持ちを伝えたとありますが、「ぼく」の気持ちを表した部分を文中から抜き出しましょう。(10)

(「ぼくも、何かプレゼントできればいいんだけど——。」)

7 「プレゼントは、それで十分。」とありますが、女の人は何をプレゼントしてほしいと言いましたか。(10)

(自分のために本を読むこと。)

8 次の文で、カルにあてはまるものは㋕、ラークなら㋶、女の人なら㋛、父さんなら㋫、母さんなら㋩と書きましょう。(3×10)

(女) 雪の日に、窓ガラスをトントンとたたく。
(父) 「今夜は、とまっていけばいい。」と女の人に言う。
(カ) 馬だけでなく、馬に乗っている人にも勇気があると思う。
(ラ) カルのすわる場所を空けてくれる。
(母) キイチゴを使ったパイのレシピを女の人にプレゼントする。
(女) ドアのすき間から本を手わたす。
(母) 「本を読める子をもう一人増やしていただきました」と女の人に言う。
(父) 今年は、いつまでも寒さが続くと予想する。
(カ) だきかかえていた本を少しだけ声に出して読む。
(女) 「プレゼントは、それで十分。」と言って、えみをうかべる。

44

45頁

詩を朗読してしょうかいしよう

名前

● 次の詩を読んで、答えましょう。

〈ぼくぼく〉
八木《やぎ》　重吉《じゅうきち》

ぼくぼく
ぼくぼく
まりを　ついてると
にがい　にがい　いままでのことが
ぼくぼく
ぼくぼく
むすびめが　ほぐされて
花がさいたようにみえてくる

（令和六年度版　光村図書　国語　六　創造　八木　重吉）

動物たちの恐《おそ》ろしい夢のなかに
川崎《かわさき》　洋《ひろし》

犬も
馬も
夢をみるらしい
動物たちの
恐ろしい夢のなかに
人間がいませんように

（令和六年度版　光村図書　国語　六　創造　川崎　洋）

うぐいす
武鹿《ぶしか》　悦子《えつこ》

うぐいすの　こえ
すきとおる
はるのつめたさ
におわせて
うぐいすの　こえ
すきとおる
うちゅうが　一しゅん
しん、とする

（令和六年度版　光村図書　国語　六　創造　武鹿　悦子）

1 「〈ぼくぼく〉」について、答えましょう。

(1) この詩の中で、四回くり返し出てくる言葉を書きましょう。(10)

(ぼくぽく)

(2) 「ぼくぼく」とは、何の音ですか。(10)

(まりをつく音)

(3) この詩の意味として、正しい方に○をつけましょう。(10)

(○) まりをついていると、過去のつらいことがなぐさめられ、気分が軽やかになる。
( ) まりをついていると、過去のつらいことが思い出され、悲しくなる。

2 「動物たちの恐ろしい夢のなかに」について、答えましょう。

(1) どの動物が夢をみるらしいといっていますか。二つ書きましょう。(10×2)

(犬)(馬)

(2) なぜ、動物たちの恐ろしい夢のなかに人間がいませんようにといっているのですか。あなたの考えを書きましょう。(10)

(例)
(人間は動物を傷つけたり殺したりすることがあるから。)

3 「うぐいす」について、答えましょう。

(1) 何連で書かれた詩ですか。(10)

(二)連

(2) 詩の中でくり返し書かれている二行を書き出しましょう。(15)

(うぐいすの　こえ
すきとおる)

(3) 周りがとても静かな様子が分かる表現を、二行で抜き出しましょう。(15)

(うちゅうが　一しゅん
しん、とする)

45

46頁

日本の文字文化

名前

1 次の文章を読んで、答えましょう。

日本語の表記

言葉を文字や記号で表すことを、表記といいます。

現在、日本語の文章は、漢字と仮名《かな》（平仮名・片仮名）を使う、漢字仮名交じり文で書き表されるのがふつうです。漢字と仮名を適切に交ぜて書き表すことで、読む人は、速く、正確に語のまとまりをとらえ、意味を読み取ることができます。

漢字は、一字一字が意味を表します。このような文字を、表意文字といいます。これに対して、仮名は、意味を表さず、音だけを表します。このような文字を、表音文字といいます。

また、現在の日本語では、アルファベットで表すローマ字も使われています。

仮名やローマ字は、読み方が一つです。しかし、日本語には同じ音の言葉が多くあります。そのため、漢字で書かないと意味が正確に伝わらないことがあります。

いっぽう、漢字には、複数の音訓をもつものがあるため、仮名やローマ字で読み方を示すことがよくあります。

（令和六年度版　光村図書　国語　六　創造　「日本の文字文化」による）

(1) 漢字と仮名を適切に交ぜて書き表すことには、どんなよさがありますか。(15)

(読む人が、速く、正確に語のまとまりをとらえ、意味を読み取ることができること。)

(2) 表意文字、表音文字の意味はそれぞれ㋐、㋑のどちらですか。□に記号を書きましょう。また、□の文字はそれぞれ表意文字、表音文字のどちらにあてはまりますか。( )にすべて書きましょう。(5×4)

・表意文字　㋑
(漢字)
・表音文字　㋐
(平仮名、片仮名、ローマ字)

㋐ 意味を表さず、音だけを表す文字
㋑ 一字一字が意味を表す文字

漢字　平仮名
片仮名　ローマ字

2 万葉仮名《まんようがな》について、教科書「日本の文字文化」を読んで、答えましょう。

(1) 万葉仮名とは、どんな使い方の漢字ですか。(10)

(漢字の音を借りて、日本語の発音を表す漢字。)

(2) 次の万葉仮名の読みをひらがなで書きましょう。(5×3)

① 波留 (はる)
② 布由 (ふゆ)
③ 宇美 (うみ)

3 平仮名、片仮名について、教科書「日本の文字文化」を読んで、答えましょう。

(1) 次のように書くことから生まれたのは、平仮名、片仮名のどちらですか。( )に書きましょう。(10×2)

・(片仮名)…万葉仮名の形の一部を取って書くこと。
・(平仮名)…万葉仮名をくずして書くこと。

(2) 次の漢字からできた平仮名を□に書きましょう。(5×2)

① 安—あ　② 以—い

(3) 次の漢字からできた片仮名を□に書きましょう。(5×2)

① 奈—ナ　② 保—ホ

46

解答例

本書の解答は，あくまでもひとつの例です。児童に取り組ませる前に，必ず指導される方が問題を解いてください。指導される方の作られた解答をもとに，児童の多様な考えに寄り添って○つけをお願いします。

47頁

仮《か》名《な》づかい

名前

● 教科書の「仮名づかい」を読んで、答えましょう。

1 次の漢字の読みについて、正しい仮名づかいをしている方の（　）に○をつけましょう。（5×6）

① 地面　（　）ちめん　（○）じめん
② 鼻血　（　）はなじ　（○）はなぢ
③ 続く　（○）つづく　（　）つずく
④ 縮む　（　）ちじむ　（○）ちぢむ
⑤ 手作り　（○）てづくり　（　）てずくり
⑥ 人付き合い　（　）ひとずきあい　（○）ひとづきあい

2 仮名づかいに気をつけて、次の漢字の読みがなを書きましょう。（5×14）

(1) 家路（いえじ）
(2) 地図（ちず）
(3) 身近（みぢか）
(4) 湖（みずうみ）
(5) 底力（そこぢから）
(6) 三日月（みかづき）
(7) 間近（まぢか）
(8) お小遣い（おこづかい）
(9) 火事（かじ）
(10) 頭痛（ずつう）
(11) 勉強机（べんきょうづくえ）
(12) 自転（じてん）
(13) 合図（あいず）
(14) 手続き（てつづき）

48頁

考えることとなやむこと

名前

あなたはどうだろう。自分の夢や生き方、友達との関係や勉強のことなどについて、考えているだろうか。[あ]、なやんでいるだろうか。

㋐この二つを区別するいちばん簡単な方法は、㋑箇《か》条書きにしてみることだ。

[い]、あなたが来週、大勢の前で何かの発表をするとする。なやんでいると、「うまくいくかな。」「どきどきする。」「失敗したくないな。」という思いしか生まれてこない。[う]、考えていると、

「一　どんな話し方をしたら聞き取りやすいか。」

「二　いちばん伝えたいことは何か。」

と書き出すことができる。㋒そうすると、あなたがやるべきことがはっきりしてくるのだ。

あなたが今、何かに迷っていたり困っていたりするのなら、何が問題なのかを、箇条書きにしてみよう。㋓それが、「考えることとなやむことを区別する」ということだ。そうすれば、問題を解決するためにやるべきことが、はっきりと見えてくる。

（令和六年度版　光村図書　国語　六　創造　鴻上　尚史）

1 あ〜うにあてはまるつなぎ言葉を□から選んで書きましょう。（5×3）

それとも　でも　例えば

あ（それとも）　い（例えば）　う（でも）

2 ㋐この二つとは、何のことですか。二つ書きましょう。（10×2）

（考えていること。）
（なやんでいること。）

3 ㋑いちばん簡単な方法とは、どうすることですか。（15）

（箇条書きにしてみること。）

4 大勢の前で何かの発表をするときの箇条書きの例が二つ書かれています。文中から抜き出しましょう。（10×2）

（一　どんな話し方をしたら聞き取りやすいか。）
（二　いちばん伝えたいことは何か。）

5 ㋒そうすると、あなたがやるべきことがはっきりしてくるのだ。と同じ内容を表す一文を、文中から抜き出しましょう。（15）

（そうすれば、問題を解決するためにやるべきことが、はっきりと見えてくる。）

6 ㋓それとは、何を指していますか。（15）

（何が問題なのかを、箇条書きにしてみること。）

49頁

考えることを考え続ける

名前

人のような見かけをもち、人と話をする、㋐人間らしいロボットの研究に取り組む現在では、五年生からの疑問であった「気持ち」や「考える」が、研究テーマそのものになっている。人間らしいロボットを作るためには、人間みたいに感じたり、考えたりできるよう、ロボットをプログラムしなければならない。㋑そのためには、人の「気持ち」とは何か、人が「考える」とは、何をどうすることなのかを、深く理解する必要がある。

これが、非常に難しい。これまでにも、多くの研究者が、「考える」ロボットの研究に取り組んできた。[あ]、いまだ人間の「考える」には、ほど遠い。「考える」にも、㋒簡単なものから㋓難しいものがある。計算式をもとに正しく計算したり、多くのデータをもとに対応策を出したりすることは、何をどうするのかをプログラムできるから、ロボットにもできる。しかし、新しいアイデアを出すとか、よく分からないものの仕組みを理解するとか、そういったことは、どのようにプログラムすればよいかが分かっていない。[い]、ロボットにはできない。人間がプログラムできないので、ロボットは、人間のように「考える」ことができないのである。

（令和六年度版　光村図書　国語　六　創造　石黒　浩）

1 あ、いにあてはまるつなぎ言葉を□から選んで書きましょう。（5×2）

だから　だが

あ（だが）　い（だから）

2 ㋐人間らしいロボットの研究とありますが、筆者はどんなロボットの研究に取り組んでいますか。二つ書きましょう。（10×2）

（人のような見かけをもつ）ロボット
（人と話をする）ロボット

3 ㋑そのためについて、答えましょう。（15×2）

(1) ㋑そのためとは、何のためですか。

（人間みたいに感じたり、考えたりできるよう、ロボットをプログラムするため。）

(2) ㋑そのために、何をする必要がありますか。

（人の「気持ち」とは何か、人が「考える」とは、何をどうすることなのかを、深く理解する必要がある。）

4 「考える」ことのうち、㋒簡単なもの、㋓難しいものを、それぞれ文中の言葉で書きましょう。（15×2）

・簡単なもの

（計算式をもとに正しく計算したり、多くのデータをもとに対応策を出したりすること。）

・難しいもの

（新しいアイデアを出したり、よく分からないものの仕組みを理解すること。）

5 ロボットは、人間のように何をすることができないのですか。文中から三文字で抜き出しましょう。（10）

考える　こと

50頁

考える人の行動が世界を変える

名前

哲《てつ》学者パスカルは、「人間は考える葦《あし》である。」と述べた。

〜（中略）〜

人間は、いつの時代も、社会の大きな流れにほんろうされる存在かもしれない。しかし、一見、どうすることもできないような、その時々の世界の流れの中で、何かがおかしいと感じ、どうすればよいかを考え、行動した人たちがいた。

戦争のほりょやぎせい者を救う国際赤十字を創立したデュナンや、敵・味方を問わず、負傷した兵士を看護したナイチンゲール。そして、あのクロアチア系男性だって、そうだ。㋐かれらは、それまで当然とされていたことに疑問をもち、何が正しいのか、どのような社会にしたいのかを考えた。かれらのような人々の行動が、世界を変えてきたのだ。

これからの世界では、AI《エーアイ》に判断を任せればよいという人がいるが、㋑私はちがうと思う。AIは、過去の多くのデータから効率的な結論を導くだけである。㋒よりよい世界を築くには、人間が、弱い立場の人に心を寄せること、そして、何が大切なのか、何が正しいのかを考え、どういう未来にしたいのかを考え、行動することが重要なのだ。私たち一人一人が、そんな「考える葦」になれば、どんな課題も解決することができるだろう。

（令和六年度版　光村図書　国語　六　創造　中満　泉）

1 哲学者パスカルは、何と述べましたか。文中から抜き出しましょう。（10）

（「人間は考える葦である。」）

2 人間は、どんな存在かもしれないと書かれていますか。（10）

（いつの時代も、社会の大きな流れにほんろうされる存在。）

3 一見、どうすることもできないような、その時々の世界の流れの中で、どんな人たちがいましたか。（　）にあてはまる言葉を書きましょう。（5×3）

（何かがおかしいと）感じ、（どうすればよいかを）考え、（行動した）人たち。

4 ㋐かれらについて、答えましょう。（5×3）

(1) だれを指していますか。

（デュナン）
（ナイチンゲール）
（クロアチア系男性）

(2) どんなことを考えましたか。（10）

（それまで当然とされていたことに疑問をもち、何が正しいのか、どのような社会にしたいのかということ。）

5 ㋑私はちがうと思うとありますが、筆者は何についてちがうと思うといっているのですか。（10）

（これからの世界では、AIに判断を任せればよいということ。）

6 ㋒よりよい世界を築くには、何が重要だといっていますか。二つ書きましょう。（15×2）

（人間が、弱い立場の人に心を寄せること。）
（何が大切なのか、何が正しいのかを考え、どういう未来にしたいのかを考え、行動すること。）

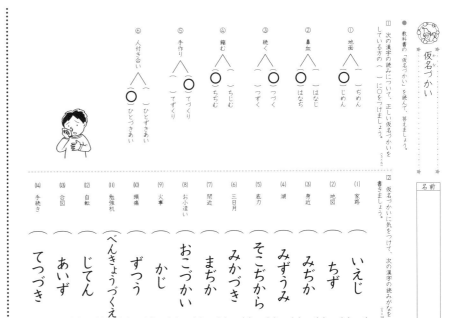

51頁

季節の言葉４　冬のおとずれ

名前

1　①～③の言葉の読みを〔　〕に書きましょう。また、その意味を説明する文章について、㋐～㋖の（　）にあてはまる言葉を下の□から選んで書きましょう。（①～③5×3 ㋐～㋖5×7）

① 立冬（十一月七日ごろ）〔りっとう〕
こよみのうえで、㋐（冬）が始まる日。まだ㋑（秋）の気配は残っているが、しだいに冬に近づいていく。

② 冬至（十二月二十二日ごろ）〔とうじ〕
一年の中で、㋒（昼）の時間が最も短く、㋓（夜）が最も長い日。㋔（かぼちゃ）など、特定の物を食べる習わしがある。

③ 大寒（一月二十日ごろ）〔だいかん〕
一年の中で最も㋕（寒い）時期。「寒《かん》」が明けて㋖（立春）になると、春が近づいてくる。

昼　夜　立春　秋　冬　寒い　かぼちゃ

2　季節を区切る二十四節気《にじゅうしせっき》とその説明です。あてはまるものを――線で結びましょう。（5×3）

① 小雪《しょうせつ》（十一月二十二日ごろ）
② 大雪《たいせつ》（十二月七日ごろ）
③ 小寒《しょうかん》（一月五日ごろ）

・寒気《かんき》が増し、雪も激しくなってくるころ。この日を過ぎると、いっそう冬らしくなる。
・寒さはまだ深まっておらず、雪もそれほど多くはないころ。冬の気配は進んでくる。
・この日から立春になるまでの期間を「寒《かん》」といい、小寒は「寒の入《い》り」ともいわれる。

（解答：①―寒さはまだ深まっておらず…　②―寒気が増し…　③―この日から立春になるまでの…）

3　次の短歌、俳《はい》句について、答えましょう。

㋐ あたらしく／冬きたりけり／鞭《むち》のごと／幹ひびき合ひ《い》／竹群《たかむら》はあり　　宮《みや》　柊二《しゅうじ》

㋑ グラタンの／熱しと食《た》ぶる／冬至かな　　阿波野《あわの》　青畝《せいほ》

(1) ㋐の短歌を五・七・五・七・七、㋑の俳句を五・七・五のリズムで読めるように、「／」線で区切りましょう。（10）

(2) ㋐の短歌について、作者はどんな様子に冬を感じていますか。（　）にあてはまる言葉を書きましょう。（ひらがなで書いてもよいです）（15）
冬の風がふき、竹やぶの竹がまるで（鞭／むち）のように曲がって、（幹／みき）を打ち鳴らして音をひびき合わせている様子。

(3) ㋑の俳句について、冬の季語を抜き出しましょう。（10）
（冬至）

（令和六年度版　光村図書　国語　六　創造　「季節の言葉４　冬のおとずれ」による）

52頁

大切にしたい言葉

名前

● 次の「大切にしたい言葉」を伝えるための手順、下書きを読んで、答えましょう。

〈手順〉
① 大切にしたい言葉を選び、関連する経験を書き出そう。
・だれかに言ってもらった言葉や、本で知った言葉などの中から、最も（㋐）にしたい言葉を選ぶ。
・その言葉と関連する（㋑）を思い出し、そのときのことをくわしく書き出す。
② 書く分量を確かめ、文章構成を考えよう。
どのくらいの（㋒）で書くかを確かめましょう。その字数で伝えたいことが伝わるように、（㋓）を意識して、簡単な（㋔）を考えましょう。
③ 下書きをし、読み合って推敲しよう。
下書きをしたら、友達と読み合い、（㋕）し合いましょう。


〈下書き〉

「日々の積み重ねが自信を作る」

Ⓐ

㋐この言葉は、二〇二四年十月二十四日のひかり新聞でのインタビュー記事の中で私が読んだ、体操選手の川野あゆみさんの言葉だ。

～（中略）～

㋑リハーサルでも本番でも、うまくいかなかった。同じ場面で演じた花村さんは、まるでふだんの花村さん自身――

～（中略）～

（令和六年度版　光村図書　国語　六　創造　「大切にしたい言葉」による）

1　上の〈手順〉を読んで、答えましょう。
上の㋐～㋕にあてはまる言葉を□から選んで書きましょう。（5×6）
㋐（大切）　㋑（経験）
㋒（字数）　㋓（読む人）
㋔（構成）　㋕（助言）

字数　経験　助言　構成　読む人　大切

2　〈下書き〉を読んで、答えましょう。
(1) ㋐「この言葉」について、答えましょう。
① どんな言葉ですか。（15）
（「日々の積み重ねが自信を作る」）
② だれのどんな記事での言葉ですか。（15×2）
・だれ
（体操選手の川野あゆみさん）
・どんな記事
（二〇二四年十月二十四日のひかり新聞でのインタビュー記事。）

(2) Ⓐの文は、どのように直すと読みやすくなりますか。正しい方に○をつけましょう。（10）
（　）説明の言葉を付け足す。

（○）二文に分ける。

(3) ㋑「うまくいかなかった」とありますが、これはどのように直すと分かりやすくなりますか。あなたの考えを書きましょう。（15）
（例）（どううまくいかなかったのかをくわしく書く。）

53頁

今、私は、ぼくは

名前

スピーチ活動の流れ

決めよう 集めよう	準備しよう	話そう 聞こう	つなげよう
① スピーチの話題と（㋐）を決める。	②（㋑）を考えて、スピーチ（㋒）を作る。 ③（㋓）を準備する。	④ 練習をして、（㋔）をする。	⑤（㋕）を伝え合う。

（平成二十七年度版　光村図書　国語　六　創造　「今、私は、ぼくは」による）

1　上の「スピーチ活動の流れ」について、㋐～㋕にあてはまる言葉を□から選んで書きましょう。（5×6）
㋐（内容）　㋑（構成）
㋒（メモ）　㋓（資料）
㋔（スピーチ）　㋕（感想）

感想　内容　資料　メモ　スピーチ　構成

● 倉田さんのスピーチ

私が栄養士という仕事に興味をもったきっかけの一つは、テレビ番組で、小島みのりさんという栄養士さんを知ったことです。

みなさんは、昨年のマラソンの世界大会でかつやくした高田陽子選手を覚えていますか。←㋖小島さんは高田陽子選手の専属栄養士で、高田選手を支えたチームの一員として、特集番組でしょうかいされていました。←㋗五年前のけがによって不調となった高田選手は、練習や生活を一から見直します。そのとき、食事の専門家として声がかかったのが、小島さんでした。小島さんは、高田選手の練習メニューから食生活まで、全てを調べ、それをもとに、新たに最適なこんだてを考えたそうです。小島さんが専属の栄養士になってから、不調だったことがうそのように記録がのび始め、ついに、世界大会でのかつやくに結び付いたのです。

「当たり前のことですが、体はみんな、食べた物からできているのです。」これは、私の印象に強く残っている小島さんの言葉です。私は、この番組を見て、食べることが、体の調子を整えるためにどれほど重要かということを知りました。そして、食事を通してがんばる人を支えられる、栄養士という仕事に興味をもったのです。


（平成二十七年度版　光村図書　国語　六　創造　「今、私は、ぼくは」による）

2　上の「倉田さんのスピーチ」を読んで、答えましょう。
(1) このスピーチには、倉田さん（私）以外にだれが出てきますか。□に名前を書きましょう。また、その人たちはどんな仕事をしていますか。（　）に書きましょう。（10×4）
・［高田陽子］（マラソン選手）
・［小島みのり］（高田選手の専属栄養士）

(2) 上のスピーチには、「初め」の部分が書かれていません。「初め」には、どんな内容のスピーチが入りますか。正しいもの二つに○をつけましょう。（10×2）
（　）栄養士という仕事に興味をもったきっかけ
（○）初めのあいさつ・栄養士の仕事紹介
（○）倉田さんの自己しょうかい

(3) スピーチで、少し間を取ると効果的だと考えられるのは、㋖、㋗のどちらのときですか。記号で答えましょう。（10）
㋖

54頁

海の命①

名前

弟子になって何年もたったある朝、いつものように同じ瀬に漁に出た太一に向かって、与吉じいさは㋐ふっと声をもらした。㋑そのころには、与吉じいさは船に乗ってこそきたが、作業はほとんど太一がやるようになっていた。

「自分では気づかないだろうが、おまえは村一番の漁師だよ。太一、ここはおまえの海だ。」

船に乗らなくなった与吉じいさの家に、太一は漁から帰ると、毎日魚を届けに行った。真夏のある日、与吉じいさは暑いのに、毛布をのどまでかけてねむっていた。㋒太一は全てをさとった。

㋓「海に帰りましたか。与吉じいさ、㋔心から感謝しております。おかげさまでぼくも海で生きられます。」

悲しみがふき上がってきたが、今の太一は自然な気持ちで、顔の前に両手を合わせることができた。父がそうであったように、与吉じいさも海に帰っていったのだ。

（令和六年度版　光村図書　国語　六　創造　立松　和平）

1　㋐ふっと声をもらしたとありますが、与吉じいさは太一に何と言いましたか。文中から抜き出しましょう。（10）
（「自分では気づかないだろうが、おまえは村一番の漁師だよ。太一、ここはおまえの海だ。」）

2　㋑そのころとは、いつのころですか。（15）
（太一が与吉じいさの弟子になって何年もたったころ。）

3　㋒太一は全てをさとったについて、答えましょう。（10×2）
(1) 太一は、与吉じいさのどのような様子から全てをさとったのですか。
（暑いのに、毛布をのどまでかけてねむっていた様子。）
(2) 太一は、何をさとったのですか。
（与吉じいさが死んだこと。）

4　なぜ、太一は㋓「海に帰りましたか。」と言ったのですか。あなたの考えを書きましょう。（15）
（例）（与吉じいさは、海を愛し海に愛された人だったから。）

5　㋔心から感謝しておりますとありますが、太一は与吉じいさにどんなことを感謝しているのですか。あなたの考えを書きましょう。（15）
（例）（与吉じいさのおかげで、自分も海で生きられるようになったこと。）

6　悲しみがふき上がってきた一方で、太一はどんなことができましたか。（15）
（自然な気持ちで、顔の前に両手を合わせることができた。）

7　海に帰っていったのは、だれとだれですか。（　）にあてはまる言葉を書きましょう。（5×2）
（父）と（与吉じいさ）

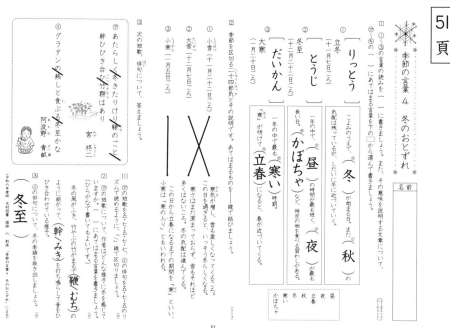

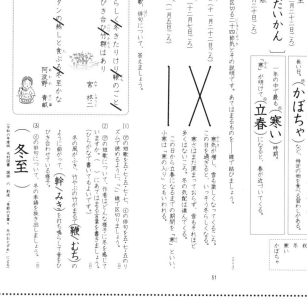

解答例

本書の解答は，あくまでもひとつの例です。児童に取り組ませる前に，必ず指導される方が問題を解いてください。指導される方の作られた解答をもとに，児童の多様な考えに寄り添って○つけをお願いします。

55 頁

海の命 ②

太一が瀬にもぐり続けて、ほぼ一年が過ぎた。父を最後にもぐり漁師がいなくなったので、㋐アワビもサザエもウニもたくさんいた。激しい潮の流れに守られるようにして生きている、二十キロぐらいのクエも見かけた。だが、太一は㋑興味をもてなかった。

追い求めているうちに、不意に夢は実現するものだ。

太一は海草のゆれる穴のおくに、㋒青い宝石の目を見た。

㋓海底の砂にもりをさして場所を見失わないようにしてから、太一は銀色にゆれる水面にうかんでいった。息を吸ってもどると、同じ所に同じ青い目がある。ひとみは黒いしんじゅのようだった。刃物《は》のような歯が並んだ灰色のくちびるは、ふくらんでいて大きい。魚がえらを動かすたび、水が動くのが分かった。岩そのものが魚のようだった。全体は見えないのだが、百五十キロはゆうにこえているだろう。

（令和六年度版　光村図書　国語　六　創造　立松　和平）

名前

① ㋐アワビもサザエもウニもたくさんいたのは、なぜですか。 (15)

（父を最後にもぐり漁師がいなくなったから。）

② 太一は、何に㋑興味をもてなかったのですか。 (15)

（二十キロぐらいのクエ）

③ ㋓海底の砂にもりをさしてとありますが、太一はなぜもりをさしたのですか。 (15)

（場所を見失わないようにするため。）

④ 太一が息を吸ってもどってきても、青い目の生物が動いていない様子が分かる部分を抜き出しましょう。 (15)

（同じ所に同じ青い目がある。）

⑤ 魚の姿は、どのように表現されていますか。（　）にあてはまる言葉を書きましょう。 (5×3)

・ひとみ（黒いしんじゅのよう）

・歯（刃物のよう）

・くちびる（灰色で、ふくらんでいて大きい。）

⑥ 百五十キロはゆうにこえているだろう魚の大きさを、何にたとえて表現していますか。文中から五文字で抜き出しましょう。 (10)

岩そのもの

56 頁

海の命 ③

㋐興奮していながら、太一は冷静だった。これが自分の追い求めてきたまぼろしの魚、村一番のもぐり漁師だった父を破った瀬の主なのかもしれない。太一は鼻づらに向かってもりをつき出すのだが、クエは動こうとはしない。㋑そうしたままで時間が過ぎた。太一は永遠にここにいられるような気さえした。しかし、息が苦しくなって、またうかんでいく。

もう一度もどってきても、瀬の主は全く動こうとはせずに太一を見ていた。おだやかな目だった。この大魚《たいぎょ》は㋒自分に殺されたがっているのだと、太一は思ったほどだった。これまで数限りなく魚を殺してきたのだが、こんな感情になったのは初めてだ。この魚をとらなければ、本当の一人前の漁師にはなれないのだと、㋓太一は泣きそうになりながら思う。

水の中で太一はふっとほほえみ、口から銀のあぶくを出した。もりの刃先を足の方にどけ、クエに向かってもう一度えがおを作った。

「おとう、ここにおられたのですか。また会いに来ますから。」

こう思うことによって、太一は㋔瀬の主を殺さないで済んだのだ。大魚はこの海の命だと思えた。

（令和六年度版　光村図書　国語　六　創造　立松　和平）

名前

① ㋐の部分を読んで、クエと向かい合っている太一の気持ちを表している熟語を、文中から二つ抜き出しましょう。 (10×2)

興奮　冷静

② 上の文章で、このクエは別の言い方で表現されています。何と表現されていますか。三つ書きましょう。 (10×3)

（まぼろしの魚）

（瀬の主）

（大魚　　別解：海の命）

③ ㋐そうしたままでとありますが、これは太一とクエのどんな様子のことですか。 (10)

（太一は鼻づらに向かってもりをつき出すが、クエは動こうとはしない様子。）

④ ㋑自分に殺されたがっているのだとありますが、太一はなぜこのように思ったのですか。 (10)

（もりをつき出したり、息を吸ってもどってきても、クエは全く動こうとせず、おだやかな目で太一を見ていたから。）

⑤ ㋒太一は泣きそうになりながら思うとありますが、なぜ太一は泣きそうになったのですか。あなたの考えを書きましょう。 (10)

（例）（この魚をとらなければ、本当の一人前の漁師にはなれないと思うが、この魚を殺したくないとも思ったから。）

⑥ 太一はどうすることによって、㋓瀬の主を殺さないで済んだのですか。 (10)

（クエのことをおとうだと思うこと。）

⑦ 太一は、大魚のことを何だと思いましたか。文中から三文字で抜き出しましょう。 (10)

この 海の命

57 頁

生きる

生きる

谷川《たにかわ》　俊太郎《しゅんたろう》

生きているということ
いま生きているということ
㋐それはのどがかわくということ
木もれ陽《び》がまぶしいということ
ふっと或《あ》るメロディを思い出すということ
くしゃみすること
あなたと手をつなぐこと

生きているということ
いま生きているということ
それはミニスカート
それはプラネタリウム
それはヨハン・シュトラウス
それはピカソ
それはアルプス
㋑すべての美しいものに出会うということ
そして
かくされた悪を注意深くこばむこと

生きているということ
いま生きているということ
泣けるということ
笑えるということ
怒《おこ》れるということ
自由ということ

生きているということ
いま生きているということ
いま遠くで犬がほえるということ
いま地球がまわっているということ
いまどこかで㋒産声《うぶごえ》があがるということ
いまどこかで兵士が傷つくということ
いまぶらんこがゆれているということ
いまいまが過ぎてゆくこと

生きているということ
いま生きているということ
鳥ははばたくということ
海はとどろくということ
かたつむりははうということ
人は愛するということ
あなたの㋓手のぬくみ
いのちということ

（令和六年度版　光村図書　国語　六　創造　谷川　俊太郎）

名前

① すべての連でくり返されている表現を二行で抜き出しましょう。 (10)

（生きているということ
いま生きているということ）

② 第一連の㋐それは、何を指していますか。 (10)

（いま生きているということ）

③ 第二連で㋑すべての美しいものとありますが、どんな美しいものが挙げられていますか。五つ書きましょう。 (5×5)

（ミニスカート）（プラネタリウム）

（ヨハン・シュトラウス）（ピカソ）

（アルプス）

④ 第四連で㋒産声があがるとありますが、どんな出来事を指しているのだと思いますか。 (10)

（例）（新しい命が誕生すること。）

⑤ 第四連の㋒産声があがることと、対比（反対）させて書かれている一行を抜き出しましょう。 (10)

（いまどこかで兵士が傷つくということ）

⑥ 第五連の㋓手のぬくみとは、どんな意味ですか。 (10)

（例）（手の温かさ）

⑦ この詩のそれぞれの連で表現されていることを［　］の中から選んで記号を書きましょう。 (5×5)

第一連（㋓）　第二連（㋔）　第三連（㋑）

第四連（㋒）　第五連（㋐）

㋐ 自然や生き物のいとなみ
㋑ さまざまな感情を自由に表現すること
㋒ 世界のどこかで「いま」起きている出来事
㋓ 日々の生活の中で感じることやしていること
㋔ さまざまな美しいものとの出会い

58 頁

人間は他の生物と何がちがうのか ①

㋐ひるがえって、私たち人間はどうでしょうか。人間には、ツチハンミョウとも、そして他のいかなる生物ともちがう㋑特性があります。それは、種の保存よりも、個体の命を最重要に考えていることです。生まれてきた一人一人の命に、㋒最も尊い価値を置いています。自分の命が大切であるのと同時に、他の人の命も大切にします。年齢《れい》や人種、障害の有《う》無、性的な指向などにかかわらず、㋓だれもが平等に大切な存在です。みなさんは、基本的人権という言葉を知っていますか。私たちが生まれながらにしてもっている権利で、人間はみな平等であり、自由であることを認《にん》識し合ったものです。これからみなさんが自由に将来を選ぶことができるのも、この認識のおかげです。どんな職業について、どんなふうに生きてもよいのです。

では、なぜ、人間だけが、このような考え方に達することができたと思いますか。それは、進化の過程で、人間だけが㋔すばらしいものを発明することができたからです。その発明とは、言葉です。人間は脳を発達させ、言葉を生み出しました。言葉は、コミュニケーションの道具であるとともに、世界を知るための道具です。

（令和六年度版　光村図書　国語　六　創造　福岡　伸一）

名前

① ㋐ひるがえってとありますが、「ひるがえる」とはどんな意味ですか。正しい方に○をつけましょう。 (10)

（　）考えや態度が、変わらないこと。

（○）考えや態度が、急に反対になること。

② 他のいかなる生物ともちがう人間の㋑特性とは、どんなことですか。 (15)

（種の保存よりも、個体の命を最重要に考えていること。）

③ 人間は、何に㋒最も尊い価値を置いていますか。 (15)

（生まれてきた一人一人の命）

④ ㋓だれもとは、どんな人のことを指していますか。 (15)

（年齢や人種、障害の有無、性的な指向）などにかかわらない、すべての人々。

⑤ 基本的人権とは、どんな権利ですか。文中から二十文字で抜き出しましょう。 (15)

私たちが生まれながらにしてもっている権利

⑥ ㋔すばらしいものとは、何ですか。 (10)

（言葉）

⑦ 言葉は、どんな道具であると書かれていますか。文中から二つ抜き出しましょう。 (10×2)

（コミュニケーションの道具。）

（世界を知るための道具。）

59 頁

人間は他の生物と何がちがうのか ②

名前

Ⓐ
言葉があることで、物事に名前をつけたり、その仕組みを解明したり、説明したりすることができます。例えば、生物には「種」と「個体」があり、自然界には㋐「種の保存」というものがあることを、人間は、言葉で明らかにしました。そして、私たち人間は、種の保存より大切なことがないかを言葉を使って考え、一人一人の命を大切にしたほうが、みんなが幸せになるということに気づき、㋑その考えを言葉で共有してきました。言葉で世界を知り、言葉で世界を作ってきたのです。それゆえにこそ、私たちは言葉を大切にしなければならないのです。

Ⓑ
いっぽうで、言葉の力だけで㋒あらゆることを制御《ぎょ》することはできません。私たちがいつ、どこで生まれるのかを言葉で決めることはできません。気象や自然災害も、言葉で説明することはできても、コントロールすることはできません。言葉があるからといって、何もかも人間の思いどおりにできるわけではありません。時に、自然現象に対してけんきょであることも大切です。

Ⓒ
人間と他の生物とのちがいの根源には、[あ]があります。だからこそ、みなさんは、[あ]の力をみがかなければなりません。これが、学ぶということです。そして、けんきょさをもちつつ、[あ]で世界を解き明かしていってほしいと思います。

（令和六年度版　光村図書　国語　六　創造　福岡　伸一）

1 ㋐「種の保存」とは、どんな意味ですか。正しい方に○をつけましょう。 ⑮
（ ○ ）生物の種が自然界に残っていくこと。
（　）生物の種が自然界で進化していくこと。

2 ㋑その考えとは、どんな考えですか。 ⑮
（種の保存より大切にしたほうが、みんなが幸せになるという考え。）一人一人の命を大切にしたほうが、みんなが幸せになるという考え。

3 ㋒あらゆることを制御することはできませんについて、答えましょう。
(1) 「制御する」とは、どんな意味ですか。正しい方に○をつけましょう。 ⑮
（　）他人の言うとおりに従うこと。
（ ○ ）自分の思いどおりにコントロールすること。
(2) 言葉で制御できない例として、どんなことがありますか。二つ書きましょう。 (15×2)
（いつ、どこで生まれるのかを決めること。）
（気象や自然災害。）

4 [あ]には、同じ言葉が入ります。どんな言葉が入りますか。漢字二文字で答えましょう。 ⑩
言葉

5 Ⓐ、Ⓑ、Ⓒの内容を表しているものを、それぞれ——線で結びましょう。 (5×3)
Ⓐ　・みなさん（子どもたち）へのエールと願い
Ⓑ　・言葉の力で制御できない例
Ⓒ　・言葉で明らかにしてきたこと

60 頁

詩から表現の工夫を学ぶ ①
比喩・擬声語（擬音語）・擬態語

名前

● 詩の表現技法として、比喩、擬声語（擬音語）、擬態語があります。

1 「比喩」について、答えましょう。
(1) 次の①～③は、比喩の種類です。説明にあてはまるものを、それぞれ——線で結びましょう。 (5×3)
① 直喩　・人間でないものを人間であるかのように表す。
② 隠《いん》喩　・「——ようだ」「——みたいだ」などの言葉を使わずにたとえる。
③ 擬人法　・「——ようだ」「——みたいだ」などの言葉を使ってたとえる。

(2) 次のⒶ、Ⓑ、Ⓒの詩で使われている比喩表現は、㋐直喩、㋑隠喩、㋒擬人法のうちどれですか。それぞれ正しいものを一つずつ書きましょう。 (10×3)

Ⓐ
夕日がせなかをおしてくる
まっかなうででおしてくる
阪田《さかた》　寛夫《ひろお》「夕日がせなかをおしてくる」の一部
（令和六年度版　光村図書　国語　三上　わかば　阪田　寛夫）

Ⓑ
なみだは
にんげんのつくることのできる
一ばん小さな
海です
寺山《てらやま》　修司《しゅうじ》「一ばんみじかい抒《じょ》情詩」
（令和六年度版　光村図書　国語　五　銀河　寺山　修司）

Ⓒ
蟻《あり》が
蝶《ちょう》の羽をひいて行く
ああ
ヨットのやう《よう》だ
三好《みよし》　達治《たつじ》「土」
（令和六年度版　光村図書　国語　五　銀河　三好　達治）

Ⓐ（ウ）　Ⓑ（イ）　Ⓒ（ア）

2 「擬声語（擬音語）」と「擬態語」について、答えましょう。
(1) 次の（　）にあてはまる言葉を[　]から選んで書きましょう。 (5×5)
・擬声語（擬音語）
動物などの（声）や自然の（音）、物音などを、その音に似せて表した言葉。
・擬態語
生物や事物の動きや（様子）の感じを、それらしい音のように表した言葉。
これらをまとめて、（オノマトペ）ともいう。

オノマトペ　声　擬音語　様子　音

(2) 次のⒶ、Ⓑ、Ⓒの詩で使われている——線のオノマトペは、㋐擬声語（擬音語）、㋑擬態語のどちらですか。それぞれ正しいものを書きましょう。 (10×3)

Ⓐ
ケルルン　クック。
ああいいにおいだ。
草野《くさの》　心平《しんぺい》「春のうた」の一部
（令和六年度版　光村図書　国語　四上　かがやき　草野　心平）

Ⓑ
やねで　とんとん　やねのうた
つちで　ぴちぴち　つちのうた
鶴見《つるみ》　正夫《まさお》「雨のうた」の一部
（令和六年度版　光村図書　国語　二上　たんぽぽ　鶴見　正夫）

Ⓒ
さわってみようかなあ　つるつる
おしてみようかなあ　ゆらゆら
谷川《たにかわ》　俊太郎《しゅんたろう》「どきん」の一部
（令和六年度版　光村図書　国語　三上　わかば　谷川　俊太郎）

Ⓐ（ア）　Ⓑ（ア）　Ⓒ（イ）

（令和六年度版　光村図書　国語　六　創造　「詩から表現の工夫を学ぶ」による）

61 頁

詩から表現の工夫を学ぶ ②
反復・倒《とう》置

名前

● 詩の表現技法として、反復、倒置があります。

1 「反復」について、答えましょう。
(1) 次の（　）にあてはまる言葉を[　]から選んで書きましょう。 (5×3)
反復…（同じ）、もしくは似た言葉や文を、（連続）させたり、別の（連）てくり返したりする方法。

同じ　連　連続

(2) 次の詩で反復表現が使われている部分はどこですか。（　）にその部分を書きましょう。 ⑮

つきに　いかないか
ぼくと　いっしょに
つきに　いかないか
おだんご　もって

つきに　いかないか
はらが　たつとき
つきに　いかないか
ちきゅうを　ながめに

谷川《たにかわ》　俊太郎《しゅんたろう》「つき」
（令和二年度版　光村図書　国語　四下　はばたき　谷川　俊太郎）

（つきに　いかないか）

2 「倒置」について、答えましょう。
(1) 次の文のうち、倒置について説明しているものはどちらですか。正しい方に○をつけましょう。 ⑩
（　）ふつうの言い方と、言葉の順序を同じにする方法。
（ ○ ）ふつうの言い方と、言葉の順序を入れかえる方法。

(2) 次の詩の——線部分の二行は、倒置表現が使われています。——線部分の二行をふつうの言い方に書き直しましょう。 ⑮

だがキミ！　夏休みよ
もう一度　もどってこないかな
忘《わす》れものをとりにさ
高田《たかだ》　敏子《としこ》「忘れもの」の一部
（令和六年度版　光村図書　国語　四上　かがやき　高田　敏子）

（忘れものをとりにさ　もう一度　もどってこないかな）

(3) 次の文章は、倒置表現が使われています。ふつうの言い方に書き直しましょう。 (15×3)
① 水族館へ行きました。イルカのショーを見に。
（イルカのショーを見に、水族館へ行きました。）
② とても上手ですね。ダンスが。
（ダンスがとても上手ですね。）
③ わたしは、大学へ行きたいです。法律を学ぶために。
（わたしは、法律を学ぶために、大学へ行きたいです。）

（令和六年度版　光村図書　国語　六　創造　「詩から表現の工夫を学ぶ」による）

62 頁

平和のとりでを築く ①

名前

一九四五年（昭和二十年）八月六日午前八時十五分、よく晴れた夏空が広がる朝、広島《ひろしま》市に原子爆弾《ばくだん》が投下された。それは、この建物にほど近い、約六百メートルの上空で爆発した。強烈《れつ》な熱線と爆風が、放射《しゃ》線とともに市街をおそった。市民の多くは一瞬《しゅん》のうちに生命をうばわれ、川は死者でうまるほどだった。ようやく生き残った人々も傷つき、㋐その多くは死んでいった。

爆心地に近かったこの建物は、たちまち炎《えん》上し、中にいた人々は全員なくなったという。建物は、ほぼ真上からの爆風を受けたため、全焼《しょう》はしたものの、れんがと鉄骨の一部は残った。丸屋根の部分は、支柱の鉄骨がドームの形となり、この傷だらけの建物の最大の特徴《ちょう》を、後《のち》の時代にとどめることとなった。

原爆ドームを保存するか、それとも取りこわしてしまうか、戦後まもないころの広島では㋑議論《ろん》が続いた。保存反対論の中には、「原爆ドームを見ていると、原爆がもたらしたむごたらしいありさまを思い出すので、一刻《こく》も早く取りこわしてほしい。」という意見もあった。

市民の意見が原爆ドーム保存へと固まったのは、一九六〇年（昭和三十五年）の春、急性白血病でなくなった一少女の日記がきっかけであった。赤ちゃんだったころに原爆の放射線を浴びたその少女は、十数年たって、突《とつ》然、被爆が原因とみられる病にたおれたのだった。残された日記には、あの痛《いた》々しい産業奨励《しょうれい》館だけが、いつまでも、おそるべき原爆のことを世にうったえかけてくれるだろう——、と書かれていた。㋒この日記に後おしされて、市民も役所も「原爆ドーム永久保存」に立ち上がったのである。

（令和六年度版　光村図書　国語　六　創造　大牟田　稔）

1 広島市に原子爆弾が投下されたのは、いつですか。 ⑩
（一九四五年（昭和二十年）八月六日午前八時十五分）

2 何が広島の街をおそったのですか。 ⑩
（強烈な熱線と爆風が、放射線とともに市街をおそった。）

3 ㋐その多くの「その」は、何を指していますか。 ⑮
（ようやく生き残った人々。）

4 戦後まもないころの広島で続いた㋑議論とはどんなものでしたか。 ⑮
（原爆ドームを保存するか、それとも取りこわしてしまうか。）

5 保存反対論の中には、なぜ「原爆ドームを一刻も早く取りこわしてほしい」という意見があったのですか。 ⑮
（原爆ドームを見ていると、原爆がもたらしたむごたらしいありさまを思い出すから。）

6 市民の意見が原爆ドーム保存へと固まったのは、何がきっかけでしたか。 ⑮
（（急性白血病でなくなった）一少女の日記）

7 ㋒この日記について、答えましょう。 (10×2)
(1) この日記には、何と書かれていましたか。
（あの痛々しい産業奨励館だけが、いつまでも、おそるべき原爆のことを世にうったえかけてくれるだろう。）
(2) この日記に後おしされて、どんなことが起きましたか。
（市民も役所も「原爆ドーム永久保存」に立ち上がった。）

解答例

本書の解答は，あくまでもひとつの例です。児童に取り組ませる前に，必ず指導される方が問題を解いてください。指導される方の作られた解答をもとに，児童の多様な考えに寄り添って○つけをお願いします。

63頁

平和のとりでを築く ②

名前

　原爆《ばく》ドームが、世界遺産《い》の候補として審《しん》査を受けることになったとき、㋐私《わたし》は、ちょっぴり不安を覚えた。それは、原爆ドームが、戦争の被害を強調する遺跡であること、そして、規模《ぼ》が小さいうえ、歴史も浅い遺跡であることから、はたして世界の国々によって認《みと》められるだろうかと思ったからであった。しかし、心配は無用だった。㋑決定の知らせが届いたとき、私は、世界の人々の、平和を求める気持ちの強さを改めて感じたのだった。

　痛ましい姿《すがた》の原爆ドームは、原子爆弾が人間や都市にどんな㋒惨《さん》害をもたらすかを私たちに無言で告げている。未来の世界で核《かく》兵器を二度と使ってはいけない、いや、核兵器はむしろ不必要だと、世界の人々に警《けい》告する記念碑《ひ》なのである。

　国連のユネスコ憲《けん》章には、「戦争は人の心の中で生まれるものであるから、人の心の中に平和のとりでを築かなければならない。」と記されている。原爆ドームは、それを見る人の心に平和のとりでを築くための世界の遺産なのだ。

（令和六年度版　光村図書　国語　五　銀河　大牟田　稔）

1 ㋐私は、ちょっぴり不安を覚えたとありますが、なぜ筆者は原爆ドームが世界の国々によって認められるか不安に思ったのですか。二つ書きましょう。（15×2）

（戦争の被害を強調する遺跡であるから。）

（規模が小さいうえ、歴史も浅い遺跡であるから。）

2 ㋑決定の知らせについて、答えましょう。（5×2）

(1) 何が決定したのですか。

原爆ドーム が 世界遺産 に決定した。

(2) この知らせが届いたとき、筆者は何を感じましたか。（15）

（世界の人々の、平和を求める気持ちの強さ。）

3 ㋒「惨害」とは、どんな意味ですか。正しいものに○をつけましょう。（15）

（　）ひどい未来。

（○）ひどい損害。

（　）少しの損害。

4 原爆ドームは、どんなことを世界の人々に警告する記念碑ですか。（15）

（未来の世界で核兵器を二度と使ってはいけない、いや、核兵器はむしろ不必要であるということ。）

5 国連のユネスコ憲章に記されているように、原爆ドームは何のための世界の遺産なのですか。（15）

（見る人の心に平和のとりでを築くための世界の遺産。）

64頁

言葉の交流

名前

1 外来語について、答えましょう。

(1) 次の文章は、外来語について説明したものです。（　）にあてはまる言葉を□から選んで書きましょう。（5×6）

日本語にはない物や考え方が外国から入ってきたとき、元の外国語の（発音）に近い言葉にして取り入れる方法があります。外来語とよばれ、ふつうは（片仮名）で書きます。

外来語として入ってきた初めの言語が伝わってきました。鎖《さ》国していた（江戸時代）も、交易のあった（オランダ）からは、医学や化学などに関連《こう》する言葉が入ってきました。そして、幕《ばく》末・明治以降は、各国から次々と新しい言葉が入ってきます。特に（英語）が多く、イギリスやアメリカからのえいきょうが大きかったことが分かります。

（ポルトガル語）で、十六世紀から十七世紀に

オランダ　英語　ポルトガル語
発音　江戸《えど》時代　片仮名《かたかな》

(2) 次の表は、外来語のもととなったさまざまな言語についてまとめたものです。それぞれ合うものを——線で結びましょう。（5×6）

① ポルトガル語 —— カステラ、パン、
② オランダ語 —— ペンキ、レンズ、インキ、ゴム
③ イタリア語 —— オペラ、ソプラノ、パスタ、ピザ
④ 英語 —— メモ、カメラ、スポーツ
⑤ ドイツ語 —— ガーゼ、カルテ、ゲレンデ
⑥ フランス語 —— ズボン、アトリエ、オムレツ

2 訳《やく》語について、答えましょう。

(1) 次の文は、訳語について説明したものです。（　）にあてはまる言葉を□から選んで書きましょう。（5×4）

日本語にはない物や（考え方）が（外国）から入ってきたとき、漢字のもつ（意味）を利用し、訳語を作って取り入れる方法があります。特に、明治の初めごろには、次々と入ってくる新しい考え方や（仕組み）に対して、多くの訳語が作られ、定着していきました。

外国　仕組み　考え方　意味

(2) 次のうち、訳語でないものを一つ選んで、（　）に書きましょう。（5）

科学　国際　津《つ》波
時間　哲学　野球

（津波）

3 次のうち、世界各地で取り入れられている日本語はどれですか。三つ書きましょう。（5×3）

卵　すし　トマト　とうふ　牛乳
りんご　きのこ　朝食　弁当

（すし）
（とうふ）
（弁当）

65頁

言葉の宝《たから》箱 ①

名前

1 次の言葉と反対の意味を表す言葉になるように、□から漢字を選んで、□に書きましょう。（5×6）

(1) 積極的 ↕ 消極 的
(2) 論《ろん》理的 ↕ 感情 的
(3) 楽観的 ↕ 悲観 的
(4) 現実的 ↕ 理想 的
(5) 直接的 ↕ 間接 的
(6) 抽《ちゅう》象的 ↕ 具体 的

具体　感情　理想
間接　消極　悲観

2 次の「人物や事物を表す言葉」のうち、他とはちがう意味を表す言葉が一つあります。それぞれ○をつけましょう。（5×3）

(1)
（　）快活
（　）竹を割《わ》ったよう
（○）誠《せい》実
（　）ハキハキした

(2)
（　）せんさい
（　）もろい
（　）敏《びん》感
（○）味わいがある

(3)
（　）楽天的
（○）感情的
（　）楽観的
（　）前向き

3 次の（　）にあてはまる言葉を□から選んで書きましょう。（5×7）

(1) この国語の問題は、（簡潔）に答えるべきだ。

(2) ケーキに生クリームは必要（不可欠）だ。

(3) 田中さんは（楽天的）なので、ささいなことでは落ちこまない。

(4) グレーは、白でも黒でもない（あいまい）な色だ。

(5) 目標に向かって、（ひたむき）に努力する。

(6) ガラス細工は、こわれやすく（せんさい）な造りとなっている。

(7) AチームがBチームより強いのは、（一目りょうぜん）だ。

ひたむき　せんさい　不可欠
楽天的　一目りょうぜん　簡潔　あいまい

4 次の言葉は、「人物」、「心情」のどちらを表す言葉ですか。人物を表す言葉には㋐、心情を表す言葉には㋑と書きましょう。（5×4）

① かんめいを受ける（㋑）
② 積極的（㋐）
③ 率《そっ》直（㋐）
④ 動揺《よう》する（㋑）

66頁

言葉の宝《たから》箱 ②

名前

1 次の「心情を表す言葉」の中で、意味の似ているものどうしを——線で結びましょう。（5×6）

(1) 好感をもつ —— したう
(2) 我《われ》を忘《わす》れる —— 没《ぼっ》頭する
(3) 心にひびく —— かんめいを受ける
(4) 気にさわる —— 不快な気持ちになる
(5) なごりおしい —— 忘れがたい
(6) 気が楽になる —— 肩《かた》の荷が降りる

2 次の「心情を表す言葉」の中で、反対の意味になるものを——線で結びましょう。（6×5）

(1) 幸福 —— 不幸
(2) 失望 —— 希望
(3) 痛《つう》快 —— 不快
(4) 解放感 —— 閉塞《そく》感
(5) 満足 —— 不満

3 次の（　）にあてはまる言葉を□から選んで書きましょう。

(1)（5×4）

① 中山さんは、勉強もスポーツも得意なので、クラスのみなが（一目置く）存在だ。

② 転校する日、友だちが駅までお見送りに来てくれて、（胸がいっぱいになる）。

③ 今年の夏は、海に行けなかったのが（心残りである）。

④ ゲームに夢中になってしまい、（我を忘れる）。

我を忘れる　一目置く
心残りである　胸《むね》がいっぱいになる

(2)（5×4）

① 運動会の実行委員を任され、（荷が重い）。

② 仲良さそうな老夫婦を見て、（ほのぼのした）気持ちになる。

③ すてきな映画を見て、映画館を出た後も（よいんが残る）。

④ 朝食にご飯を食べるか、パンを食べるか（なやましい）。

ほのぼのした　なやましい
よいんが残る　荷が重い

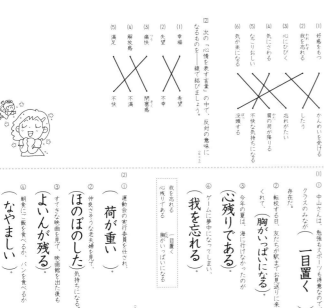

67頁

漢字書き　漢字の広場 (1) (2)

名前

① 満開の桜《さくら》
② 耕《たがや》す
③ 肥料《ひりょう》
④ 日本の歴史《れきし》
⑤ 改築《かいちく》
⑥ 防災《ぼうさい》訓練
⑦ 火が燃《も》える
⑧ 検証《けんしょう》実験
⑨ 交通事故《じこ》
⑩ 原因《げんいん》と結果
⑪ 往復《おうふく》
⑫ 囲《かこ》む
⑬ 水質調査《すいしつちょうさ》
⑭ 県境《けんざかい》
⑮ 団地《だんち》の住人
⑯ アパートに入居《にゅうきょ》する
⑰ 山脈《さんみゃく》
⑱ 仏像《ぶつぞう》
⑲ 捨て犬を保護《ほご》する
⑳ 句会《くかい》を開く
㉑ 復旧《ふっきゅう》作業
㉒ 新ろう新婦《しんぷ》
㉓ 停車場《ていしゃじょう》
㉔ 大海原を航海《こうかい》する
㉕ 文化財《ぶんかざい》
㉖ 立ち入り禁止《きんし》
㉗ 船が寄港《きこう》する
㉘ 川の河口《かこう》
㉙ 仮面《かめん》をつける
㉚ 支《ささ》える
㉛ 許可《きょか》をとる
㉜ 混雑《こんざつ》する
㉝ 規則《きそく》を守る
㉞ 似顔絵《にがおえ》
㉟ 大勢《おおぜい》の人
㊱ 断《ことわ》る
㊲ 可能《かのう》性を信じる
㊳ 余《あま》る
㊴ 比《くら》べる
㊵ 銅像《どうぞう》を建てる
㊶ 順序《じゅんじょ》
㊷ 三つの条件《じょうけん》
㊸ 容器《ようき》に入れる
㊹ 貸《か》し出《だ》し
㊺ 増《ふ》やす
㊻ 減《へ》らす
㊼ 確《たし》かめる
㊽ 酸味《さんみ》が強い
㊾ 略図《りゃくず》を書く
㊿ 心に留《とど》める

/50

67

68頁

漢字書き　漢字の広場 (3) (4)

名前

① 招待状《しょうたいじょう》
② 犬を飼《か》う
③ お化けが現《あらわ》れる
④ 迷《まよ》う
⑤ 船で移動《いどう》する
⑥ 快適《かいてき》な部屋
⑦ 暴風雨《ぼうふうう》
⑧ 独《ひと》り言
⑨ 険《けわ》しい道
⑩ 殺風景《さっぷうけい》
⑪ 限界《げんかい》に達する
⑫ 墓場《はかば》
⑬ 木の枝《えだ》
⑭ 将来の夢《ゆめ》
⑮ 破損《はそん》する
⑯ 非常事態《ひじょうじたい》
⑰ 絶望《ぜつぼう》する
⑱ 正義《せいぎ》の味方
⑲ 犬を救助《きゅうじょ》する
⑳ 質問《しつもん》
㉑ 喜《よろこ》ぶ
㉒ 友人と再会《さいかい》する
㉓ 感謝《かんしゃ》の言葉
㉔ 久《ひさ》しぶり
㉕ 気象《きしょう》予報士
㉖ 博識《はくしき》な人
㉗ 番組制作《ばんぐみせいさく》
㉘ 会議の資料《しりょう》
㉙ 提案《ていあん》
㉚ 複数《ふくすう》
㉛ 輸入《ゆにゅう》品
㉜ 貿易《ぼうえき》を行う
㉝ 準備《じゅんび》
㉞ 長さを測《はか》る
㉟ 利益《りえき》
㊱ 国際情勢《こくさいじょうせい》
㊲ テントの設営《せつえい》
㊳ 貧《まず》しい
㊴ 正解《せいかい》の答え
㊵ 逆転《ぎゃくてん》
㊶ 報道《ほうどう》番組
㊷ 意見の主張《しゅちょう》
㊸ 有名な武士《ぶし》
㊹ 質素《しっそ》
㊺ 税金《ぜいきん》
㊻ 夫《おっと》と妻《つま》
㊼ 良い成績《せいせき》
㊽ 意見を述《の》べる
㊾ 政治家《せいじか》
㊿ ニュースの解説《かいせつ》
(51) 厳しい指導《しどう》
(52) 演技《えんぎ》力
(53) 金や銀などの鉱物《こうぶつ》
(54) 意見に賛成《さんせい》する
(55) 適格な指示《しじ》

/55

68

69頁

漢字書き　漢字の広場 (5) (6)

名前

① 百円均一《ひゃくえんきんいつ》
② 眼科《がんか》へ行く
③ 薬が効《き》く
④ 虫を採《と》る
⑤ 豊富《ほうふ》な資源
⑥ 小麦粉《こむぎこ》
⑦ 消費税《しょうひぜい》
⑧ 医師《いし》の仕事
⑨ 厚着《あつぎ》する
⑩ 血液型《けつえきがた》
⑪ 領収書《りょうしゅうしょ》
⑫ 興味《きょうみ》がある
⑬ 芸術《げいじゅつ》
⑭ 評判《ひょうばん》がよい
⑮ 弁当《べんとう》
⑯ 価格《かかく》が下がる
⑰ 編《あ》み物《もの》
⑱ 消毒《しょうどく》液
⑲ 清潔《せいけつ》な服
⑳ 半額《はんがく》セール
㉑ 版画《はんが》
㉒ 貯蔵《ちょぞう》庫
㉓ 綿織物《めんおりもの》
㉔ 夕刊《ゆうかん》を読む
㉕ 衛生《えいせい》的
㉖ 接客《せっきゃく》態度
㉗ 布《ぬの》
㉘ 個性的《こせいてき》
㉙ 客の応対《おうたい》
㉚ 犯罪防止《はんざいぼうし》
㉛ 精米《せいまい》
㉜ 職務《しょくむ》
㉝ 学校の校舎《こうしゃ》
㉞ 読書の習慣《しゅうかん》
㉟ 得意《とくい》なこと
㊱ 基本《きほん》
㊲ 修学旅行《しゅうがくりょこう》
㊳ 所属《しょぞく》する
㊴ 固い友情《ゆうじょう》
㊵ 効率《こうりつ》がよい
㊶ 製造過程《せいぞうかてい》
㊷ 永久保存《えいきゅうほぞん》
㊸ 国語の授業《じゅぎょう》
㊹ 恩師《おんし》の先生
㊺ 総力戦《そうりょくせん》
㊻ 団結《だんけつ》力
㊼ 新幹線《しんかんせん》
㊽ 経験《けいけん》を積む
㊾ 編集《へんしゅう》者
㊿ 話の構成《こうせい》
(51) 旅の紀行文《きこうぶん》
(52) 講堂《こうどう》に集まる
(53) 責任《せきにん》
(54) 在校生《ざいこうせい》
(55) 圧勝《あっしょう》
(56) 卒業証書《そつぎょうしょうしょ》
(57) 天下統一《とういつ》
(58) 報告《ほうこく》する
(59) 大志《たいし》をいだく

/59

69

70頁

漢字読み　漢字 ① 読み

● ――線が引いてある漢字の読みを書きましょう。

名前

① 視点（してん）
② 砂ぼこり（すな）
③ 腹が立つ（はら）
④ 階段（かいだん）
⑤ 並べる（なら）
⑥ 降る（ふ）
⑦ 認める（みと）
⑧ 洗い流す（あら）（なが）
⑨ 異物（いぶつ）
⑩ 単純（たんじゅん）
⑪ 反射（はんしゃ）
⑫ 背中（せなか）
⑬ 捨てる（す）
⑭ 舌（した）
⑮ 乱打（らんだ）
⑯ 地域（ちいき）
⑰ 雑誌（ざっし）
⑱ 映像（えいぞう）
⑲ 拡大（かくだい）
⑳ 展示（てんじ）
㉑ 所蔵（しょぞう）
㉒ 訪問（ほうもん）
㉓ 我々（われわれ）
㉔ 伝承（でんしょう）
㉕ 蒸気（じょうき）
㉖ 細心（さいしん）
㉗ 対処（たいしょ）
㉘ 就職（しゅうしょく）
㉙ 臨海（りんかい）
㉚ 従う（したが）
㉛ 恩人（おんじん）
㉜ 裁判官（さいばんかん）
㉝ 法律（ほうりつ）
㉞ 脳（のう）
㉟ 心臓（しんぞう）
㊱ 腸（ちょう）
㊲ 肺（はい）
㊳ 胃（い）
㊴ 私（わたし）
㊵ 密接（みっせつ）
㊶ 呼び起こす（よ）（お）
㊷ 呼吸（こきゅう）
㊸ 存在（そんざい）
㊹ 時刻（じこく）
㊺ 刺激（しげき）
㊻ 簡単（かんたん）
㊼ 机（つくえ）
㊽ 難しい（むずか）
㊾ 疑問（ぎもん）
㊿ 券売機（けんばいき）

70

解答例

本書の解答は，あくまでもひとつの例です。児童に取り組ませる前に，必ず指導される方が問題を解いてください。指導される方の作られた解答をもとに，児童の多様な考えに寄り添って〇つけをお願いします。

71頁

漢字書き　漢字① 書き

名前

漢字を書きましょう。

① 視点《してん》を変える
② 砂《すな》ぼこり
③ 腹《はら》が立つ
④ 階段《かいだん》を上る
⑤ 並《なら》べる
⑥ 雨が降《ふ》る
⑦ 認《みと》める
⑧ 洗《あら》い流《なが》す
⑨ 異物《いぶつ》混入
⑩ 単純《たんじゅん》
⑪ 光の反射《はんしゃ》
⑫ 背中《せなか》
⑬ 捨《す》てる
⑭ 舌《した》を出す
⑮ たいこを乱打《らんだ》する
⑯ 地域《ちいき》住民
⑰ 雑誌《ざっし》
⑱ 映像《えいぞう》を見る
⑲ 拡大《かくだい》する
⑳ 展示《てんじ》物
㉑ 所蔵《しょぞう》する
㉒ 訪問《ほうもん》する
㉓ 我々《われわれ》
㉔ 文化を伝承《でんしょう》する
㉕ 蒸気《じょうき》機関車
㉖ 細心《さいしん》の注意
㉗ 問題を対処《たいしょ》する
㉘ 就職《しゅうしょく》活動
㉙ 臨海《りんかい》工業地帯
㉚ 従《したが》う
㉛ 命の恩人《おんじん》
㉜ 裁判官《さいばんかん》
㉝ 法律《ほうりつ》を守る
㉞ 脳《のう》を休める
㉟ 心臓《しんぞう》の音
㊱ 腸《ちょう》の働き
㊲ 肺《はい》がん
㊳ 胃《い》もたれ
㊴ 私《わたし》
㊵ 密接《みっせつ》
㊶ 呼《よ》び起《お》こす
㊷ 呼吸《こきゅう》のリズム
㊸ 存在《そんざい》
㊹ 時刻《じこく》表
㊺ 強い刺激《しげき》
㊻ 簡単《かんたん》な料理
㊼ 机《つくえ》
㊽ 難《むずか》しい
㊾ 疑問《ぎもん》
㊿ 券売機《けんばいき》

71

72頁

漢字読み　漢字② 読み

名前

――線が引いてある漢字の読みを書きましょう。

① 故障（こしょう）
② 立派（りっぱ）
③ 警察署（けいさつしょ）
④ 銭湯（せんとう）
⑤ 勤める（つと）
⑥ 諸外国（しょがいこく）
⑦ 提供（ていきょう）
⑧ 収納（しゅうのう）
⑨ 二枚（にまい）
⑩ 染める（そ）
⑪ 宣言（せんげん）
⑫ 暮らし（く）
⑬ 探す（さが）
⑭ 星座（せいざ）
⑮ 幼い（おさな）
⑯ 著作権（ちょさくけん）
⑰ 尊重（そんちょう）
⑱ 消防庁（しょうぼうちょう）
⑲ 装置（そうち）
⑳ 沿う（そ）
㉑ 三冊（さんさつ）
㉒ 宇宙（うちゅう）
㉓ 俳句（はいく）
㉔ 老若男女（ろうにゃくなんにょ）
㉕ 試行錯誤（しこうさくご）
㉖ 字幕（じまく）
㉗ 毎晩（まいばん）
㉘ 模型（もけい）
㉙ のぞき窓（まど）
㉚ 延ばす（の）
㉛ 議論（ぎろん）
㉜ 樹液（じゅえき）
㉝ 閲覧（えつらん）
㉞ 値上げ（ねあ）
㉟ 資源（しげん）
㊱ 敗退（はいたい）
㊲ 厳しい（きび）
㊳ 俳優（はいゆう）
㊴ 推定（すいてい）
㊵ 貴重（きちょう）
㊶ 対策（たいさく）
㊷ 縮む（ちぢ）
㊸ 棒（ぼう）
㊹ 熟す（じゅく）
㊺ 寸法（すんぽう）
㊻ 指揮者（しきしゃ）
㊼ 痛み（いた）
㊽ 批評（ひひょう）
㊾ 傷つく（きず）
㊿ 若者（わかもの）

72

73頁

漢字書き　漢字② 書き

名前

漢字を書きましょう。

① 機械が故障《こしょう》する
② 立派《りっぱ》
③ 警察署《けいさつしょ》
④ 近所の銭湯《せんとう》
⑤ 会社に勤《つと》める
⑥ 諸外国《しょがいこく》
⑦ 提供《ていきょう》する
⑧ 収納《しゅうのう》グッズ
⑨ 二枚《にまい》のカード
⑩ 布を染《そ》める
⑪ ポツダム宣言《せんげん》
⑫ 平和な暮《く》らし
⑬ 宝探《さが》し
⑭ 冬の星座《せいざ》
⑮ 幼《おさな》い
⑯ 著作権《ちょさくけん》
⑰ 尊重《そんちょう》する
⑱ 消防庁《しょうぼうちょう》で働く
⑲ 便利な装置《そうち》
⑳ 川に沿《そ》った道
㉑ 三冊《さんさつ》の本
㉒ 宇宙《うちゅう》飛行士
㉓ 俳句《はいく》
㉔ 老若男女《ろうにゃくなんにょ》
㉕ 試行錯誤《しこうさくご》
㉖ 字幕《じまく》
㉗ 毎晩《まいばん》
㉘ 飛行機の模型《もけい》
㉙ 窓《まど》を開ける
㉚ 期間を延《の》ばす
㉛ 議論《ぎろん》
㉜ 樹液《じゅえき》を吸う
㉝ 閲覧《えつらん》
㉞ 値上《ねあ》げ
㉟ 豊かな資源《しげん》
㊱ 初戦敗退《はいたい》
㊲ 厳《きび》しい
㊳ 俳優《はいゆう》
㊴ 推定《すいてい》年れい
㊵ 貴重《きちょう》品
㊶ 暴風対策《たいさく》
㊷ 縮《ちぢ》む
㊸ 木の棒《ぼう》
㊹ 熟《じゅく》す
㊺ 寸法《すんぽう》
㊻ 指揮者《しきしゃ》
㊼ 痛《いた》みを感じる
㊽ 批評《ひひょう》家
㊾ 傷《きず》つく
㊿ 若者《わかもの》

73

74頁

漢字読み　漢字③ 読み

名前

――線が引いてある漢字の読みを書きましょう。

① 閉じる（と）
② 遺書（いしょ）
③ 翌日（よくじつ）
④ 縦横（じゅうおう）
⑤ 山頂（さんちょう）
⑥ 洗顔（せんがん）
⑦ 忠誠（ちゅうせい）
⑧ 強敵（きょうてき）
⑨ 養蚕（ようさん）
⑩ 玉石（ぎょくせき）
⑪ 自己（じこ）
⑫ 除雪（じょせつ）
⑬ 苦労（くろう）
⑭ 仁愛（じんあい）
⑮ 温泉（おんせん）
⑯ 裏庭（うらにわ）
⑰ 銀河系（ぎんがけい）
⑱ 加盟国（かめいこく）
⑲ 意欲的（いよくてき）
⑳ 画一的（かくいつてき）
㉑ 株式会社（かぶしきがいしゃ）
㉒ 改善点（かいぜんてん）
㉓ 班（はん）
㉔ 危険（きけん）
㉕ 否定的（ひていてき）
㉖ 口調（くちょう）
㉗ 至急（しきゅう）
㉘ 帰宅（きたく）
㉙ 砂糖（さとう）
㉚ 紅茶（こうちゃ）
㉛ 卵（たまご）
㉜ 牛乳（ぎゅうにゅう）
㉝ 創業（そうぎょう）
㉞ 伴奏（ばんそう）
㉟ 誕生（たんじょう）
㊱ 困る（こま）
㊲ 看病（かんびょう）
㊳ 一筋（すじ）
㊴ 盛り上がる（も）（あ）
㊵ 骨格（こっかく）
㊶ 正確（せいかく）
㊷ 国宝（こくほう）
㊸ 郷土（きょうど）
㊹ 敬う（うやま）
㊺ 秘伝（ひでん）
㊻ 聖火（せいか）
㊼ 絹（きぬ）
㊽ 拝む（おが）
㊾ 鉄鋼（てっこう）
㊿ 十人十色（じゅうにんといろ）

74

75 頁

漢字書き

漢字 ③ 書き

名前

● 漢字を書きましょう。

① 本を閉《と》じる
② 遺書《いしょ》を残す
③ 翌日《よくじつ》
④ 縦横《じゅうおう》無じん
⑤ 山頂《さんちょう》に着く
⑥ 洗顔《せんがん》する
⑦ 忠誠《ちゅうせい》心
⑧ 強敵《きょうてき》が現れる
⑨ 養蚕《ようさん》業
⑩ 玉石《ぎょくせき》混合
⑪ 自己《じこ》紹介
⑫ 除雪《じょせつ》作業
⑬ 苦労《くろう》人
⑭ 仁愛《じんあい》の心
⑮ 温泉《おんせん》へ行く
⑯ 裏庭《うらにわ》
⑰ 銀河系《ぎんがけい》
⑱ 加盟国《かめいこく》
⑲ 意欲的《いよくてき》
⑳ 画一的《かくいつてき》
㉑ 株式会社《かぶしきがいしゃ》
㉒ 改善点《かいぜんてん》
㉓ 班《はん》活動
㉔ 危険《きけん》な場所
㉕ 否定的《ひていてき》
㉖ 厳しい口調《くちょう》
㉗ 至急《しきゅう》の用件
㉘ 帰宅《きたく》する
㉙ 砂糖《さとう》を入れる
㉚ 紅茶《こうちゃ》
㉛ 生卵《たまご》
㉜ 牛乳《ぎゅうにゅう》
㉝ 創業《そうぎょう》百年
㉞ ピアノ伴奏《ばんそう》
㉟ 誕生《たんじょう》日
㊱ 困《こま》る
㊲ 看病《かんびょう》する
㊳ 一筋《ひとすじ》
㊴ 盛《も》り上《あ》がる
㊵ 骨格《こっかく》
㊶ 正確《せいかく》に測る
㊷ 国宝《こくほう》を保護する
㊸ 郷土《きょうど》料理
㊹ 敬《うやま》う
㊺ 秘伝《ひでん》の味
㊻ 聖火《せいか》ランナー
㊼ 絹《きぬ》のドレス
㊽ 拝《おが》む
㊾ 鉄鋼《てっこう》業
㊿ 十人十色《じゅうにんといろ》

75

77 頁

漢字書き

漢字 ④ 書き

名前

● 漢字を書きましょう。

① 死亡《しぼう》事故
② 梅干《うめぼ》し
③ 郷里《きょうり》に帰る
④ 観衆《かんしゅう》の声援
⑤ 郵便《ゆうびん》
⑥ 家賃《やちん》
⑦ 親孝行《こうこう》
⑧ 預金《よきん》通帳
⑨ 穀物《こくもつ》
⑩ 米俵《こめだわら》
⑪ 日本語訳《やく》
⑫ 忘《わす》れる
⑬ 温暖《おんだん》
⑭ 作詞《さくし》家
⑮ 朗読《ろうどく》
⑯ 胸《むね》がはずむ
⑰ 片仮名《かたかな》
⑱ 演劇《えんげき》
⑲ 将来《しょうらい》の夢
⑳ 日本の天皇《てんのう》
㉑ 日本の皇后《こうごう》
㉒ 陛下《へいか》にお目にかかる
㉓ 日本国憲法《けんぽう》
㉔ 人気の政党《せいとう》
㉕ 内閣《ないかく》総理大臣
㉖ 改革《かいかく》を起こす
㉗ 宗教《しゅうきょう》を信じる
㉘ 垂直《すいちょく》
㉙ 地層《ちそう》を調べる
㉚ 磁石《じしゃく》
㉛ 体操《たいそう》選手
㉜ 立候補《りっこうほ》
㉝ 担当《たんとう》の先生
㉞ ドレス姿《すがた》
㉟ 検討《けんとう》を重ねる
㊱ 専属《せんぞく》の美容師
㊲ 潮《しお》の香り
㊳ つり針《ばり》をたらす
㊴ 落とし穴《あな》
㊵ 灰色《はいいろ》
㊶ 興奮《こうふん》状態
㊷ 用事が済《す》む

77

76 頁

漢字読み

漢字 ④ 読み

名前

● ――線が引いてある漢字の読みを書きましょう。

① 死亡（しぼう）
② 梅干し（うめぼ）
③ 郷里（きょうり）
④ 観衆（かんしゅう）
⑤ 郵便（ゆうびん）
⑥ 家賃（やちん）
⑦ 孝行（こうこう）
⑧ 預金（よきん）
⑨ 穀物（こくもつ）
⑩ 米俵（こめだわら）
⑪ 日本語訳（やく）
⑫ 忘れる（わす）
⑬ 温暖（おんだん）
⑭ 作詞（さくし）
⑮ 朗読（ろうどく）
⑯ 胸（むね）
⑰ 片仮名（かたかな）
⑱ 演劇（えんげき）
⑲ 将来（しょうらい）
⑳ 天皇（てんのう）
㉑ 皇后（こうごう）
㉒ 陛下（へいか）
㉓ 憲法（けんぽう）
㉔ 政党（せいとう）
㉕ 内閣（ないかく）
㉖ 改革（かいかく）
㉗ 宗教（しゅうきょう）
㉘ 垂直（すいちょく）
㉙ 地層（ちそう）
㉚ 磁石（じしゃく）
㉛ 体操（たいそう）
㉜ 立候補（りっこうほ）
㉝ 担当（たんとう）
㉞ 姿（すがた）
㉟ 検討（けんとう）
㊱ 専属（せんぞく）
㊲ 潮（しお）
㊳ つり針（ばり）
㊴ 穴（あな）
㊵ 灰色（はいいろ）
㊶ 興奮（こうふん）
㊷ 済む（す）

76

改訂版 教科書にそって学べる
国語教科書プリント　6年　光村図書版

2024年3月15日　第1刷発行

企画・編著：原田 善造　他10名
イラスト：山口 亜耶　他
装　　丁：寺嵜　徹　デザイン制作事務所
装丁イラスト：山口 亜耶　鹿川 美佳

発行者：岸本 なおこ
発行所：喜楽研（わかる喜び学ぶ楽しさを創造する教育研究所）
〒604-0854 京都市中京区二条通東洞院西入仁王門町２６番地1
TEL：075-213-7701　FAX：075-213-7706
印刷：株式会社 米谷

喜楽研WEBサイト
書籍の最新情報（正誤表含む）は喜楽研WEBサイトをご覧下さい。

ISBN：978-4-86277-486-6

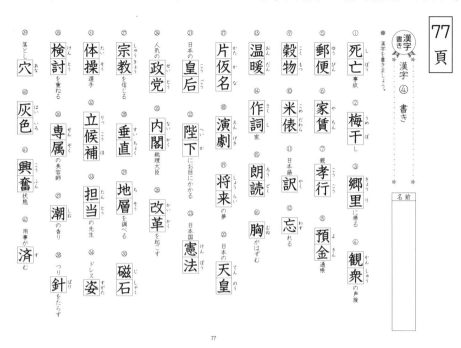